PRIX PERPETUEL DES FARINES

EN VENTE

A MONTÉLIMART (DRÔME), CHEZ L'AUTEUR

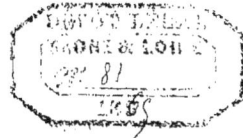

PRIX PERPÉTUEL DES FARINES.

CHALON-SUR-SAÔNE, IMPRIMERIE MONTALAN, RUE FRUCTIDOR.

LE
PRIX PERPÉTUEL DES FARINES

PIOT (Auguste),

Ancien Garde-Moulin,

NÉGOCIANT A MONTÉLIMART (DROME).

A Montélimart (Drôme), chez l'auteur.

1864.

1865.

PRIX PERPÉTUEL DES FARINES.

Observations de l'Auteur.

Cet ouvrage a pour but de mettre sous les yeux de nos lecteurs, le prix de revient perpétuel, de la quantité de blé employée, pour en obtenir 100 k. de farine, 122 k. 1/2, 125 k., 159 k., sacs usités et en usage dans diverses contrées de France.

Par un simple aperçu, les meuniers, les boulangers, les négociants en grains et farines, même les agriculteurs, y trouveront immédiatement les prix de revient des farines et blé, d'après leurs rendements et leur poids naturel.

Le prix de revient de la quantité de blé employée pour en obtenir 100 k. de farines, etc, est composé de quatre séries ayant six tableaun chacune, c'est-à-dire depuis le poids de 70 k. jusqu'à 84 k. l'hectolitre, de sorte qu'il y a six tableaux pour le prix de la quantité de blé employée pour en obtenir 100 k. de farine, six tableaux pour 122 k. 1/2, six pour 125 k., et six pour le sac de 159 k.

Soit, 24 tableaux pour les divers prix du blé, et 24 pour les divers prix des farines, c'est-a-dire, de toutes farines dites rondes sur blé, qui font suite au prix du blé cité plus haut.

Afin d'établir une comparaison entre le prix des blés et le prix des farines, nous allons donner le moyen de trouver de suite les rendement et prix que l'on désire, suivant le poids naturel du blé soumis à la mouture.

On apprend aux meuniers, car il importe de faire attention au poids du blé ainsi qu'à son rendement en farine, qui varie suivant qu'il est plus ou moins lourd, qu'il a été récolté dans des contrées humides ou dans une année pluvieuse, en complète maturité ou non, tous ces détails, doivent être observés, mais que cependant le poids indique de lui-même sa bonne ou mauvaise qualité.

Le prix de mouture est fixé à 1 fr. 50 c. par 100 k. de blé brut, le prix du sac est évalué à 1 fr. pour le prix des farines seulement.

Nous serons satisfait si nos lecteurs peuvent y puiser des éléments utiles.

Exemple :

Nous prions nos lecteurs de porter leurs yeux sur l'entête de chaque tableau afin de voir s'ils doivent chercher le prix sur le tableau de gauche ou sur celui de droite, qui ne varient que par la première colonne, c'est-à-dire par le prix du blé.

Par ce moyen, ils trouveront succinctement ce qu'ils veulent savoir et tous les renseignements dont ils auront besoin, et pourront opérer d'une manière fructueuse et sans perte de temps.

La première colonne a pour titre : *prix perpétuel du blé par 100 k.* ; la deuxième colonne à droite, porte en tête : *poids naturel de l'hectolitre,* 70 k. ; au-dessous : *rendement par 100 k.,* 70 k. 500 gr. ; nous nous dispenserons de dire que c'est en farines ; plus bas : *quantité de blé employé pour en obtenir 100 k. de farine, etc.,* 142 k. 860 gr. ; la troisième colonne.

dont le rendement est de 70 k. 500 gr., porte : 141 k. 850 gr., *poids du blé employé pour en obtenir* 100 k. *de toute farine, etc.*, *etc.*

Et l'on continue ainsi de suite pour toutes les séries, en suivant toutes les colonnes, en ayant soin toutefois de ne pas confondre une colonne pour une autre, c'est-à-dire qu'il faut faire attention si c'est le prix de 100 k. de farine que l'on cherche, ou bien si c'est celui de 122 k. 1/2, etc., de même pour le rendement en farines; consultez le poids du blé et son rendement.

Les chiffres, qui se trouvent au pied des colonnes, indiquent la différence entre un prix et un autre, c'est-à-dire d'une ligne à l'autre, et le nombre à ajouter en cas d'augmentation du blé, et à soustraire en cas de diminution.

Il semble inutile d'entrer dans de plus amples détails, nous croyons que cet aperçu est plus que suffisant pour faire comprendre les moyens de trouver les prix que l'on désire chercher dans cet ouvrage.

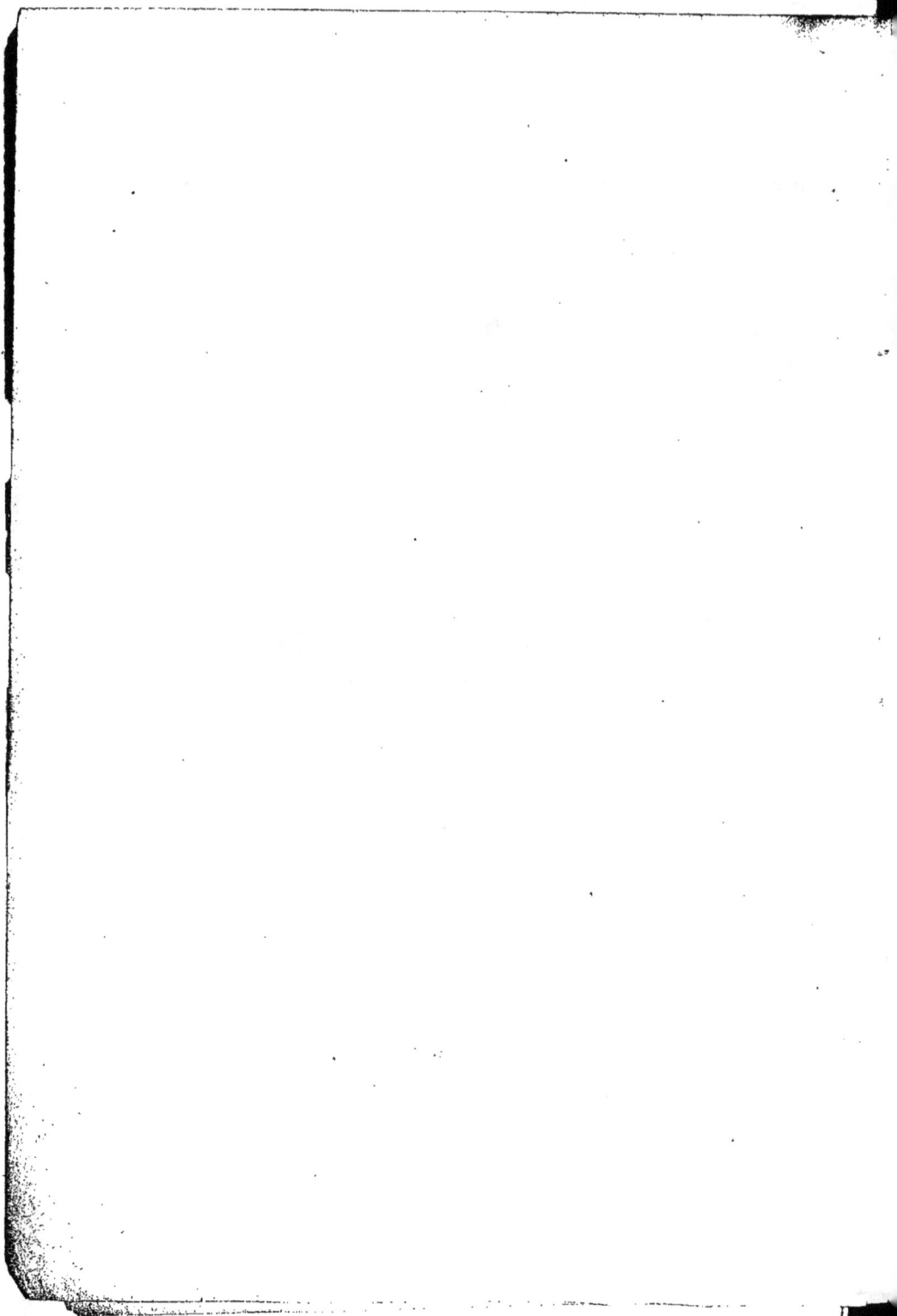

NETTOYAGE, DÉCORTICAGE,

Système FILI,

Constructeur-Mécanicien, à Rennes.

Avantages de leur emploi dans la Meunerie.

L'importante question d'obtenir un nettoyage parfait des blés pour leur mise en mouture a été, depuis de longues années, une des plus grandes préoccupations de ceux qui aiment le progrès, le bien-être des classes laborieuses, en un mot, de ceux qui ont intérêt à toutes les améliorations possibles. Nous nous faisons donc un devoir de recommander, d'une manière toute spéciale, la machine à décortiquer de M. Fili, constructeur-mécanicien, à Rennes, et nous nous empressons de reproduire, bien entendu dans l'intérêt particulier de la meunerie, la circulaire, plus le plan de cette machine.

Nous croyons que nos lecteurs nous sauront gré de mettre sous leurs yeux les détails exprimés par l'inventeur lui-même, ainsi que le plan de sa machine, de sorte qu'ils pourront juger, par eux-mêmes, du mérite de cette invention ingénieuse, pleine d'intérêt pour ceux qui en feront l'emploi dans l'agriculture, comme dans toute espèce d'industrie.

Ce constructeur a eu l'heureuse idée de réunir le simple à l'utile ; éléments qui se rencontrent peu souvent. Leur réunion a donc fait de cette découverte une des plus précieuses inventions modernes concernant la meunerie.

Par l'emploi de la machine Fili on obtient le décorticage des blés et de toutes espèces de céréales, ce qui permet aux meuniers de nettoyer les blés confiés à leurs soins jusqu'à la décortication ; cette opération rend la mouture des blés plus facile, plus avantageuse. Dans ses effets habituels l'on trouve plus de rendement, un travail plus facile, moins de remoutures, et par suite les produits subissant moins de manipulation, une blancheur plus parfaite des produits est obtenue par la seule raison que, la première pellicule étant séparée du grain, et constituant par elle-même une épaisseur marquante, les meules en jeu sont plus rapprochées l'une de l'autre, il y a plus d'harmonie dans l'ensemble du fini du travail ; des meules, en un mot, la mouture s'opère avec beaucoup plus de facilité, ensuite il y a diminution des forces dynamiques, les gruaux sont plus fins, plus uniformes, mieux suivis. ils se trouvent en bien moindres quantités, par suite d'une division plus parfaite, surtout si la tenue des meules a été parfaitement comprise ; chose essentielle et indispensable pour tirer parti des produits. Avec ces heureuses combinaisons, les sons sortent plus purs. plus dépouillés, et par contre débarrassés de leurs principes nutritifs, ils sont doux au toucher ; il y a par conséquent moins de déchets, économie de main-d'œuvre, augmentation des produits et amélioration dans la qualité.

Malgré les éloges mérités que nous venons de décerner à cette admirable invention, nous avons tout lieu d'espérer que MM. les propriétaires de moulins ou meuniers, qui feront l'acquisition de ces machines trouveront, sans doute, après l'avoir employé, que nos recommandations sont au-dessous des immenses avantages qu'elles pourront leur procurer ; nous nous estimerons donc très-heureux d'avoir pu contribuer à la propagation de ce nouveau système, par le simple exposé que nous avons pu en donner dans cet ouvrage.

Aug. PIOT.

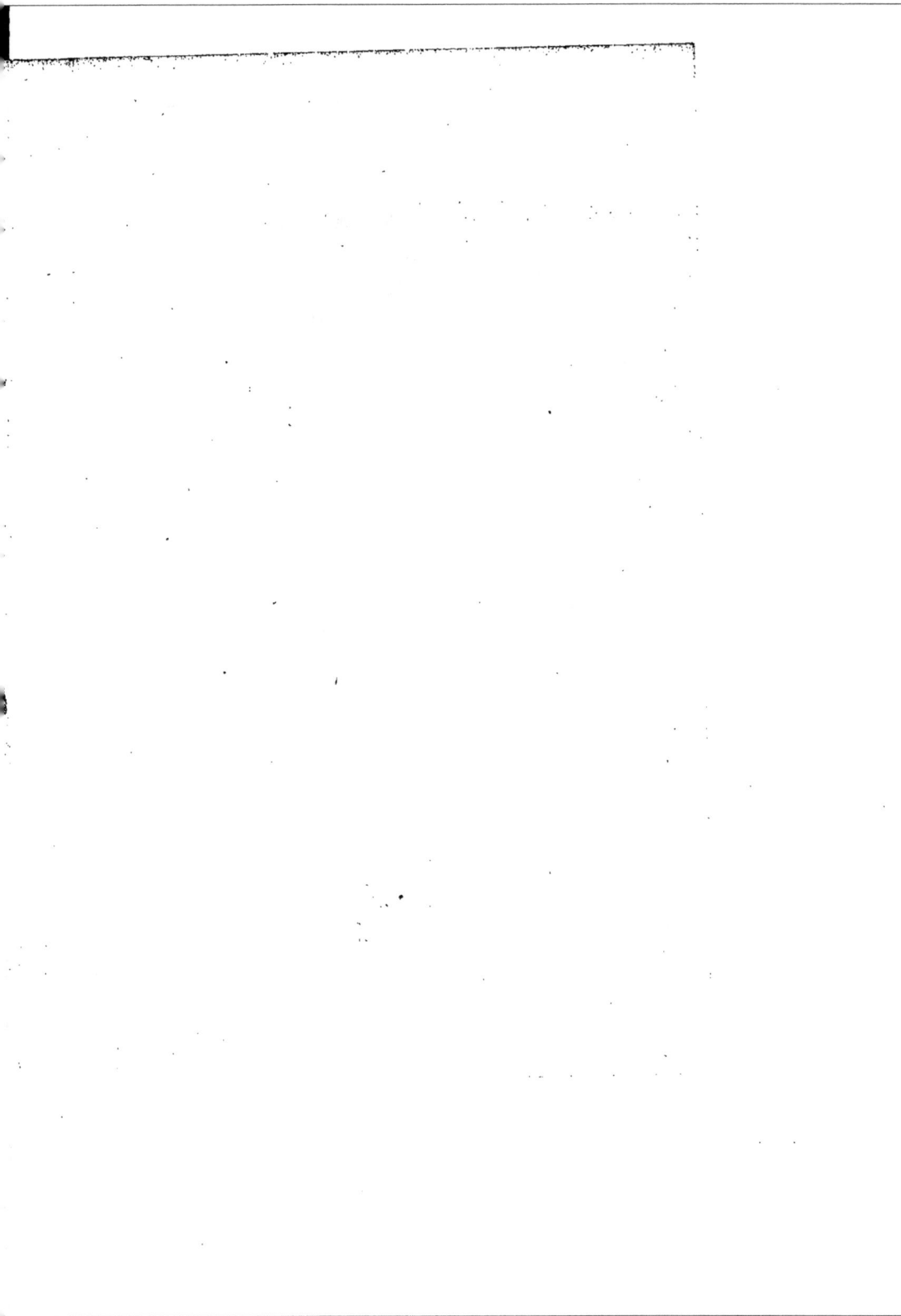

NETTOYAGE, DÉCORTICAGE ET PERLAGE DES GRAMINÉES

PAR LA FORCE CENTRIFUGE.

BREVETÉS (s. g. d. g.) ET PATENTÉS EN ANGLETERRE,

Construits par FILI, Mécanicien,

RUE DE GAILLON, 7, A RENNES.

Toutes les demandes et renseignements devront être adressées à M. Auguste PIOT, négociant à Montélimart (Drôme), auteur de divers ouvrages sur la meunerie, notre représentant, auquel nous avons donné le privilège exclusif de la vente, pendant toute la durée de notre brevet, dans les départements suivants : Drôme, Ardèche, Vaucluse, Gard, Bouches-du-Rhône, Var, Hautes et Basses-Alpes, Isère, Rhône, Haute et Basse-Savoie, l'Ain, le Doubs et les Alpes-Maritimes.

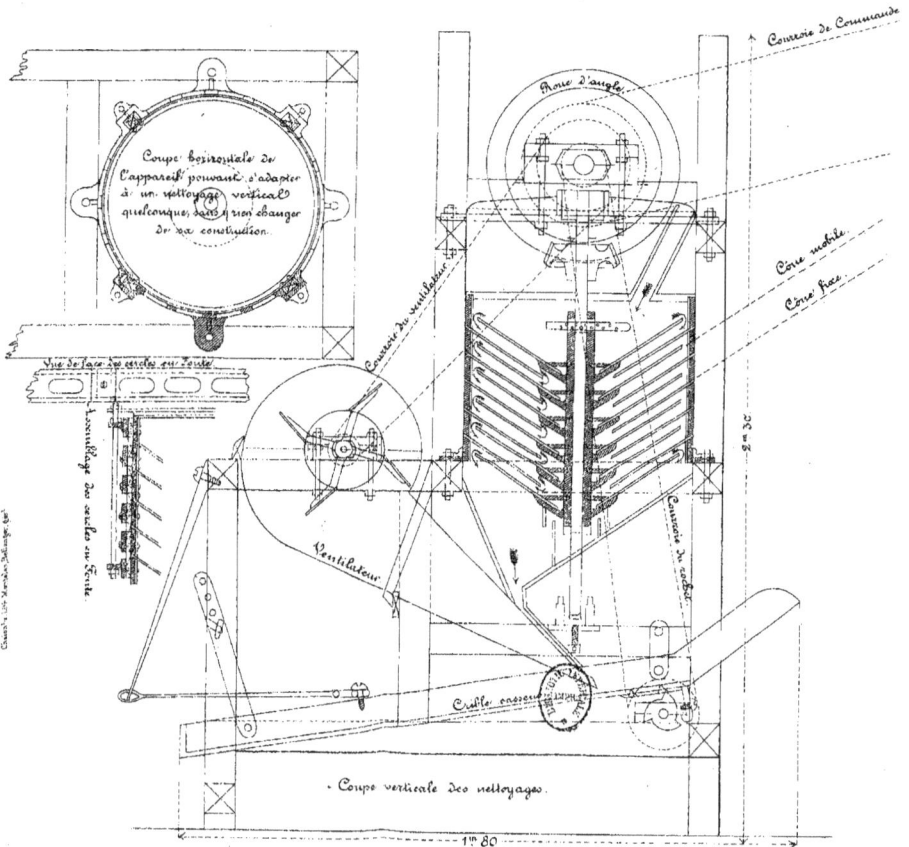

A Messieurs les Meuniers et Brasseurs,

Le nettoyage verticale à force centrifuge, que j'ai l'honneur de vous offrir, se distingue par la forme conique que j'ai eu l'heureuse idée de donner aux éléments travailleurs de cet instrument, et par les dispositions on ne peut plus simples que j'ai adoptées pour le montage de la colonne ; c'est à cette double pensée qu'il doit une supériorité marquée, sous tous les points de vue, sur tous les appareils connus jusqu'à ce jour.

Les avantages qu'il présente et qui sont reconnus par tous les minotiers qui s'applaudissent de l'avoir introduit dans leurs usines, et par les praticiens qui l'ont vu fonctionner, sont les suivants :

1° Une facilité extrême de montage et de démontage, qui permet de changer toutes les tôles, en quelques instants, sans le secours d'un ouvrier spécial et par les soins seuls d'un garde-moulin.

2° Trois moyens différents de régler son action, soit en faisant varier la vitesse par un simple changement de poulie, soit en approchant ou en éloignant, par le jeu d'un simple écrou, les tôles mobiles des tôles fixes, soit, enfin, en remplaçant une partie des tôles-râpes par des tôles-lisses, ou par des tôles-râpes usées et mises de côté en vue de satisfaire à cette substitution, opération qui s'exécute promptement et sans la moindre difficulté.

3° Une action sur le grain tellement énergique et tellement facile à régler que le meunier ou brasseur peut, à volonté, le nettoyer jusqu'à l'écorticage inclusivement, ou modérer le nettoyage jusqu'à ne produire qu'un simple époussetage, de sorte qu'il obtient le grain parfaitement démoucheté et aussi propre qu'il le désire ; toutes les graminées, sans exception, peuvent être nettoyées avec cet appareil.

Pour le nettoyage de l'orge germée des brasseurs, de la fabrication de l'orge perlée, l'épurement du riz, du blé noir, de l'avoine pour la fabrication des gruaux, en général tout ce qui tient au nettoyage, décorticage et perlage des graminées, il suffit d'un appareil composé de plus ou moins de cônes, suivant le genre de travail que l'on veut obtenir. Le petit modèle convient pour le malt des brasseries.

4° L'un des plus précieux avantages de cet appareil tient à ce que le blé s'y trouve nettoyé par voie de projection, au lieu de l'être par friction. Par ce procédé, aucun grain n'échappe à l'action de l'instrument ; car aussitôt qu'il y est introduit, il est soumis à un mouvement perpétuel qui le lance d'une râpe à l'autre, jusqu'à ce qu'il ait détaillé tous les étages et qu'il soit expulsé. Et ce qu'il y a de très-remarquable, et qui tient à la forme conique des tôles, c'est que la déclivité retient le grain sur les tôles-râpes, parce qu'alors il est obligé de monter, tandis que cette même déclivité le précicipe sur les tôles-lisses, parce que là il descend pour passer d'un étage à l'étage inférieur. En vertu de cette heureuse disposition, le grain se ralentit sur les tôles travailleuses, et ne perd pas de temps sur les tôles de transition ; c'est ce qui explique la grande supériorité du rendement de l'appareil.

5° Jamais l'instrument ne s'engorge ; la poussière n'y s'éjourne pas ; elle est totalement entraînée avec le grain, sous l'action du ventilateur, qui achève la séparation. Tous les praticiens savent combien est pénible l'opération de dégager les nettoyeurs encombrés, sans compter que dans ce cas, qui se renouvelle trop souvent dans la plupart des nettoyeurs connus, le nettoyage est fort incomplét.

6° Le mode d'opérer par projection du grain, joint à l'extrême légèreté de la colonne mobile, procure une autre avantage bien précieux, c'est que la puissance dynamique, nécessaire pour la marche de l'instrument, est très-inférieure par rapport à celle qui fait mouvoir les autres systèmes de nettoyage : l'allure est si douce dans notre appareil, qu'il est inutile de fixer l'instrument aux charpentes de l'édifice, et qu'il ne leur communique aucune vibration, ce qui

comme on le voit, est loin d'avoir lieu avec les autres systèmes, qui ont l'in-
convénient d'ébranler fortement les bâtiments ; simplement posé sur le plancher,
notre appareil peut être soumis à l'action des courroies, sans qu'on ait même à
craindre son déplacement ; joignez à cet avantage celui d'une réduction consi-
dérable de volume et la facilité de le placer dans un coin quelconque de la
pièce qui doit le recevoir.

7° A égalité de diamètre, le rendement de notre système est presque qua-
druple de celui des autres nettoyages.

8° Une considération, à laquelle les minotiers devront attacher une grande
importance, c'est qu'il est très facile de substituer ma colonne mobile à la
colonne des nettoyages verticaux existant, sans rien changer aux accessoires,
et cela à peu de frais et de manière à jouir de toutes les qualités du système.

9° En résumé, mon appareil a l'avantage de coûter beaucoup moins que
les autres systèmes, tout en faisant plus que tripler leur rendement, et tout en
offrant, par sa simplicité et son peu de volume, plus de facilité d'entretien et
plus de garantie de solidité ; je viens offrir à l'industrie quatre numéros de cet
appareil, qui se construisent dans mes ateliers aux conditions indiquées dans
le tableau suivant. Il résulte de ce tableau qu'en supposant un travail de douze
heures par jour, les quatre numéros de mon nettoyage satisferont respective-
ment au service de 10, 8, 6 et 3 paires de meules.

Tableau du rendement et du prix du Nettoyage Fili.

NUMÉROS des APPAREILS.	DIAMÈTRE des COLONNES.		RENDEMENT DU GRAIN nettoyé par heure.	PRIX des NETTOYAGES FILI.	PRIX de substitution D'UNE COLONNE FILI à un nettoyage vertical.
1	0 m	80	1,200 kilog.	1,200 fr.	600 fr.
2	0	70	1,000	1,000	500
3	0	60	750	900	400
4	0	50	450	700	325

Messieurs, c'est avec la certitude acquise de la supériorité constatée dans le tableau ci-dessus, et en ne craignant pas de prendre l'engagement de réaliser ces résultats, que je viens, avec confiance, vous offrir un appareil qui résout, enfin, une question importante de la meunerie, pour laquelle on n'avait pu obtenir jusqu'à ce jour une entière satisfaction, à savoir : opérer le nettoyage du blé à peu de frais, vite et bien, avec aussi peu de puissance dynamique qu'il est permis de l'espérer.

On trouve, dans l'établissement, des cônes tout prêts à mettre en place.

Daignez agréer, Messieurs, mes salutations empressées,

FILI,

Constructeur-Mécanicien, rue de Gaillon, 7, Rennes.

Machine à mélanger le beurre et la terre pour les poteries, brevetée S. G. D. G. — Transmissions. — Tour, filetage, ajustage et réparations de machines à vapeur et autres.

Étant en rapport avec les meilleures maisons de construction de machines à vapeur de Paris, soit fixes ou locomobiles, à condensation ou sans condensation, cela me permet de les livrer dans de bonnes conditions.

Pompes d'épuisement. — Installation d'usines et de moulins. — Montage de meules d'un nouveau genre, commandées par courroies, et présentant une grande économie dans le montage des moulins, tout en conservant la solidité de construction désirable. — Scierie mécanique. — Machines à faire la brique.

PRIX PERPÉTUEL DES FARINES.

PRIX PERPÉTUEL DES FARINES.

Prix de la quantité de blé employé pour en obtenir 100 kilos de farines rondes.

PRIX perpétuel des BLÉS par 100 k. brut.	Poids naturel de l'hect. de blé 70 k. rendement par %k.		Poids naturel de l'hect. de blé 71 k. rendement par %k.		Poids naturel de l'hect. de blé 72 k rendement par %k.		Poids naturel de l'hect. de blé 73 k. rendement par %k.		Poids naturel de l'hect. de blé 74 k rendement par %.	
	70 k.»»	70 k. 500	71 k. »»	71 k. 500	72 k.»»	72 k. 500	73 k. »»	73 k. 500	74 k. »»	74 k. 500
	Quantité de blé employé.		Quantité de blé employé.		Quantité de blé employé.		Quantité de blé employé.		Quantité de blé employé.	
	142 k.860	141 k 850	140 k.840	139 k.860	138 k.890	137 k.940	136 k.980	136 k.060	135 k.140	134 k.240
	Prix du blé employé pour en obtenir 100 k. de farine.	Prix du blé employé pour en obtenir 100 k. de farine.	Prix du blé employé pour en obtenir 100 k. de farine.	Prix du blé employé pour en obtenir 100 k. de farine.	Prix du blé employé pour en obtenir 100 k. de farine.	Prix du blé employé pour en obtenir 100 k. de farine.	Prix du blé employé pour en obtenir 100 k. de farine.	Prix du blé employé pour en obtenir 100 k. de farine.	Prix du blé employé pour en obtenir 100 k. de farine.	Prix du blé employé pour en obtenir 100 k. de farine.
fr. c.	fr. c.	fr. c.	fr. c.	fr. c.	fr. c.	fr. c.	fr. c.	fr. c.	fr. c.	fr. c.
16 »	23 »	22 85	22 70	22 60	22 50	22 35	22 20	22 10	21 90	21 80
16 50	23 70	23 55	23 40	23 30	23 20	23 05	22 90	22 80	22 60	22 50
17 »	24 45	24 30	24 10	24 »	23 90	23 75	23 60	23 50	23 30	23 15
17 50	25 15	25 »	24 85	24 70	24 60	24 45	24 30	24 15	23 95	23 85
18 »	25 90	25 70	25 55	25 45	25 30	25 15	25 »	24 85	24 65	24 55
18 50	26 60	26 40	26 25	26 15	26 »	25 85	25 70	25 55	25 35	25 20
19 »	27 30	27 15	26 95	26 95	26 70	26 55	26 40	26 25	26 05	25 90
19 50	28 05	27 85	27 70	27 65	27 40	27 25	27 05	26 95	26 70	26 55
20 »	28 75	28 55	28 40	28 35	28 10	27 95	27 75	27 60	27 40	27 25
20 50	29 50	29 30	29 10	29 05	28 80	28 65	28 45	28 30	28 10	27 95
21 »	30 20	30 »	29 80	29 70	29 50	29 35	29 15	29 »	28 80	28 60
21 50	30 90	30 70	30 55	30 40	30 20	30 05	29 85	29 70	29 45	29 30
22 »	31 65	31 45	31 25	31 10	30 90	30 75	30 55	30 40	30 15	30 »
22 50	32 35	32 15	31 95	31 80	31 65	31 45	31 25	31 05	30 85	30 65
23 »	33 10	32 85	32 65	32 50	32 35	32 15	31 95	31 75	31 55	31 35
23 50	33 80	33 55	33 40	33 20	33 05	32 85	32 65	32 45	32 20	32 05
24 »	34 50	34 30	34 10	33 95	33 75	33 55	33 35	33 15	32 90	32 70
24 50	35 25	35 »	34 80	34 65	34 45	34 25	34 05	33 85	33 60	33 40
25 »	35 95	35 70	35 50	35 35	35 15	34 95	34 75	34 50	34 30	34 10
25 50	36 70	36 45	36 25	36 05	35 85	35 65	35 40	35 20	34 95	34 75
26 »	37 40	37 15	36 95	36 75	36 55	36 35	36 10	35 90	35 65	35 45
26 50	38 10	37 85	37 65	37 45	37 25	37 05	36 80	36 60	36 35	36 10
27 »	38 85	38 60	38 35	38 20	37 95	37 75	37 50	37 30	37 05	36 80
27 50	39 55	39 30	39 10	38 90	38 65	38 45	38 20	37 95	37 70	37 50
28 »	40 30	40 »	39 80	39 60	39 35	39 15	38 90	38 65	38 40	38 15
28 50	41 »	40 70	40 50	40 30	40 05	39 80	39 60	39 33	39 10	38 85
Différ.	0 70	0 70	0 70	0 70	0 70	0 70	0 70	0 70	0 70	0 70

Prix de la quantité de blé employé pour en obtenir 100 kilos de farines rondes.

PRIX perpétuel des BLÉS par 100 k. brut.	Poids naturel de l'hect. de blé 70 k. rendement par %k.		Poids naturel de l'hect. de blé 71 k. rendement par %k.		Poids naturel de l'hect. de blé 72 k. rendement par %k.		Poids naturel de l'hect. de blé 73 k. rendement par %k.		Poids naturel de l'hect. de blé 74 k. rendement par %k.	
	70 k. »»	70 k. 500	71 k. »»	71 k. 500	72 k. »»	72 k. 500	73 k. »»	73 k. 500	74 k. »»	74 k. 500
	Quantité de blé employé.		Quantité de blé employé.		Quantité de blé employé.		Quantité de blé employé.		Quantité de blé employé.	
	142k.860	141k 850	140k.840	139k.860	138k.890	137k.940	136k.960	136k.060	135k.140	134k.240
	Prix du blé employé pour en obtenir 100 k. de farine.	Prix du blé employé pour en obtenir 100 k. de farine.	Prix du blé employé pour en obtenir 100 k. de farine.	Prix du blé employé pour en obtenir 100 k. de farine.	Prix du blé employé pour en obtenir 100 k. de farine.	Prix du blé employé pour en obtenir 100 k. de farine.	Prix du blé employé pour en obtenir 100 k. de farine.	Prix du blé employé pour en obtenir 100 k. de farine.	Prix du blé employé pour en obtenir 100 k. de farine.	Prix du blé employé pour en obtenir 100 k. de farine.
fr. c.	fr. c.	fr. c.	fr. c.	fr. c.	fr. c.	fr. c.	fr. c.	fr. c.	fr. c.	fr. c.
29 »	41 70	41 45	41 20	41 »	40 75	40 50	40 30	40 05	39 80	39 55
29 50	42 45	42 15	41 90	41 70	41 45	41 20	41 »	40 75	40 50	40 20
30 »	43 15	42 85	42 65	42 40	42 15	41 90	41 70	41 40	41 15	40 90
30 50	43 90	43 60	43 35	43 15	42 85	42 60	42 40	42 10	41 85	41 60
31 »	44 60	44 30	44 05	43 85	43 55	43 30	43 10	42 80	42 55	42 25
31 50	45 30	45 »	44 75	44 55	44 25	44 »	43 80	43 50	43 25	42 95
32 »	46 05	45 75	45 50	45 25	44 95	44 70	44 45	44 20	43 90	43 60
32 50	46 75	46 45	46 20	45 95	45 65	45 40	45 15	44 85	44 60	44 30
33 »	47 50	47 15	46 90	46 65	46 35	46 10	45 85	45 55	45 30	45 »
33 50	48 20	47 85	47 60	47 40	47 05	46 80	46 55	46 »	46 65	45 65
34 »	48 90	48 60	48 35	48 10	47 75	47 50	47 25	46 95	46 65	46 35
34 50	49 65	49 30	49 05	48 80	48 45	48 20	47 95	47 65	47 35	47 05
35 »	50 35	50 »	49 75	49 50	49 20	48 90	48 65	48 30	48 05	47 70
35 50	51 10	50 75	50 45	50 20	49 90	49 60	49 35	49 »	48 75	48 40
36 »	51 80	51 45	51 20	50 90	50 60	50 30	50 05	49 70	49 40	49 10
36 50	52 50	52 15	51 90	51 65	51 30	51 »	50 75	50 40	50 10	49 75
37 »	53 25	52 90	52 60	52 35	52 »	51 70	51 45	51 10	50 80	50 45
37 50	53 95	53 60	53 30	53 05	52 70	52 40	52 15	51 75	51 50	51 15
38 »	54 70	54 30	54 05	53 75	53 40	53 10	52 85	52 45	52 15	51 80
38 50	55 40	55 »	54 75	54 45	54 10	53 80	53 50	53 15	52 85	52 50
39 »	56 10	55 75	55 45	55 15	54 80	54 50	54 20	53 85	53 55	53 15
39 50	56 85	56 45	56 15	55 90	55 50	55 20	54 90	54 55	54 25	53 85
40 »	57 55	57 15	56 90	56 60	56 20	55 90	55 60	55 20	54 90	54 55
40 50	58 30	57 90	57 60	57 30	56 90	56 60	56 30	55 90	55 60	55 20
41 »	59 »	58 60	58 30	58 »	57 60	57 30	57 »	56 60	56 30	55 90
Différ.	0 70	0 70	0 70	0 70	0 70	0 70	0 70	0 70	0 70	0 70

PRIX PERPÉTUEL DES FARINES.

Prix de la quantité de blé employé pour en obtenir 100 kilos de farines rondes.

PRIX perpétuel des BLÉS par 100 k. brut.	Poids naturel de l'hect. de blé 75 k. rendement par % k.		Poids naturel de l'hect. de blé 76 k. rendement par % k.		Poids naturel de l'hect. de blé 77 k. rendement par % k.		Poids naturel de l'hect. de blé 78 k. rendement par % k.		Poids naturel de l'hect. de blé 79 k. rendement par % k.	
	75 k. »»	75 k. 500	76 k. »»	76 k. 500	77 k. »»	77 k. 500	78 k. »»	78 k. 500	79 k. »»	79 k. 500
	Quantité de blé employé.		Quantité de blé employé.		Quantité de blé employé.		Quantité de blé employé.		Quantité de blé employé.	
	133k 330	132k 460	131k 580	130k 720	129k 870	129k 040	128k 200	127k 400	126k 580	125k 790
	Prix du blé employé pour en obtenir 100 k. de farine.	Prix du blé employé pour en obtenir 100 k. de farine.	Prix du blé employé pour en obtenir 100 k. de farine.	Prix du blé employé pour en obtenir 100 k. de farine.	Prix du blé employé pour en obtenir 100 k. de farine.	Prix du blé employé pour en obtenir 100 k. de farine.	Prix du blé employé pour en obtenir 100 k. de farine.	Prix du blé employé pour en obtenir 100 k. de farine.	Prix du blé employé pour en obtenir 100 k. de farine.	Prix du blé employé pour en obtenir 100 k. de farine.
fr. c.	fr. c.	fr. c.	fr. c.	fr. c.	fr. c.	fr. c.	fr. c.	fr. c.	fr. c.	fr. c.
16 »	21 65	21 50	21 40	21 25	21 10	21 »	20 90	20 75	20 60	20 45
16 50	22 35	22 15	22 05	21 90	21 75	21 65	21 55	21 40	21 25	21 10
17 »	23 »	22 85	22 75	22 60	22 40	22 30	22 20	22 05	21 90	21 75
17 50	23 70	23 50	23 40	23 25	23 10	22 95	22 85	22 70	22 55	22 35
18 »	24 35	24 20	24 10	23 90	23 75	23 65	23 50	23 35	23 20	23 »
18 50	25 05	24 85	24 75	24 60	24 40	24 30	24 15	24 »	23 85	23 65
19 »	25 70	25 55	25 40	25 25	25 05	24 95	24 80	24 65	24 50	24 30
19 50	26 40	26 20	26 10	25 90	25 75	25 60	25 45	25 30	25 10	24 95
20 »	27 10	26 90	26 75	26 60	26 40	26 25	26 10	25 95	25 75	25 60
20 50	27 75	27 55	27 45	27 25	27 05	26 90	26 80	26 60	26 40	26 20
21 »	28 45	28 25	28 10	27 90	27 70	27 60	27 45	27 25	27 05	26 85
21 50	29 10	28 90	28 75	28 60	28 40	28 25	28 10	27 90	27 70	27 50
22 »	29 80	29 60	29 45	29 25	29 05	28 90	28 75	28 55	28 35	28 15
22 50	30 50	30 25	30 10	29 90	29 70	29 55	29 40	29 20	29 »	28 80
23 »	31 15	30 95	30 80	30 60	30 35	30 20	30 05	29 85	29 65	29 40
23 50	31 85	31 60	31 45	31 25	31 05	30 85	30 70	30 50	30 30	30 05
24 »	32 50	32 30	32 10	31 90	31 70	31 55	31 35	31 15	30 95	30 70
24 50	33 20	32 95	32 80	32 60	32 35	32 20	32 »	31 80	31 60	31 35
25 »	33 85	33 65	33 45	33 25	33 »	32 85	32 65	32 45	32 25	32 »
25 50	34 55	34 30	34 15	33 90	33 70	33 50	33 30	33 10	32 85	32 65
26 »	35 25	35 »	34 80	34 60	34 35	34 15	33 95	33 75	33 50	33 25
26 50	35 90	35 65	35 45	35 25	35 »	34 80	34 60	34 40	34 15	33 90
27 »	36 60	36 35	36 15	35 90	35 65	35 50	35 25	35 05	34 80	34 55
27 50	37 25	37 »	36 80	36 60	36 35	36 15	35 90	35 70	35 45	35 20
28 »	37 95	37 70	37 50	37 25	37 »	36 80	36 55	36 35	36 10	35 85
28 50	38 60	38 35	38 15	37 90	37 65	37 45	37 20	36 95	36 75	36 45
Différ.	0 70	0 65	0 65	0 65	0 65	0 65	0 65	0 65	0 65	0 65

PRIX PERPÉTUEL DES FARINES.

Prix de la quantité de blé employé pour en obtenir 100 kilos de farines rondes.

PRIX perpétuel des BLÉS par 100 k. brut.	Poids naturel de l'hect. de blé 75 k. rendement par °/₀ k.		Poids naturel de l'hect. de blé 76 k. rendement par °/₀ k.		Poids naturel de l'hect. de blé 77 k. rendement par °/₀ k.		Poids naturel de l'hect. de blé 78 k. rendement par °/₀ k.		Poids naturel de l'hect. de blé 79 k. rendement par °/₀ k.	
	75 k.»»	75 k.500	76 k.»»	76 k.500	77 k.»»	77 k.500	78 k.»»	78 k.500	79 k.»»	79 k.500
	Quantité de blé employé. 133 k.330	132 k.460	131 k.580	130 k.720	129 k.870	129 k.040	128 k.200	127 k.400	126 k.580	125 k.790
	Prix du blé employé pour en obtenir 100 k. de farine.	Prix du blé employé pour en obtenir 100 k. de farine.	Prix du blé employé pour en obtenir 100 k. de farine.	Prix du blé employé pour en obtenir 100 k. de farine.	Prix du blé employé pour en obtenir 100 k. de farine.	Prix du blé employé pour en obtenir 100 k. de farine.	Prix du blé employé pour en obtenir 100 k. de farine.	Prix du blé employé pour en obtenir 100 k. de farine.	Prix du blé employé pour en obtenir 100 k. de farine.	Prix du blé employé pour en obtenir 100 k. de farine.
fr. c.	fr. c.	fr. c.	fr. c.	fr. c.	fr. c.	fr. c.	fr. c.	fr. c.	fr. c.	fr. c.
29 »	39 30	39 05	38 80	38 60	38 30	38 10	37 90	37 60	37 40	37 10
29 50	40 »	39 70	39 50	39 25	38 95	38 75	38 55	38 25	38 05	37 75
30 »	40 65	40 40	40 15	39 95	39 65	39 40	39 20	38 90	38 70	38 40
30 50	41 35	41 05	40 85	40 60	40 30	40 10	39 85	39 55	39 35	39 05
31 »	42 »	41 75	41 50	41 25	40 95	40 75	40 50	40 20	40 »	39 70
31 50	42 70	42 40	42 15	41 95	41 60	41 40	41 15	40 85	40 65	40 30
32 »	43 40	43 10	42 85	42 60	42 30	42 05	41 80	41 50	41 25	40 95
32 50	44 05	43 75	43 50	43 25	42 95	42 70	42 45	42 15	41 90	41 60
33 »	44 75	44 45	44 20	43 95	43 60	43 35	43 10	42 80	42 55	42 25
33 50	45 40	45 10	44 85	44 60	44 25	44 05	43 75	43 45	43 20	42 90
34 »	46 10	45 80	45 50	45 25	44 95	44 70	44 40	44 10	43 85	43 55
34 50	46 75	46 45	46 20	45 95	45 60	45 35	45 05	44 75	44 50	44 15
35 »	47 45	47 15	46 85	46 60	46 25	46 »	45 70	45 40	45 15	44 80
35 50	48 15	47 80	47 55	47 25	46 90	46 65	46 35	46 05	45 80	45 45
36 »	48 80	48 60	48 20	47 95	47 60	47 30	47 »	46 70	46 45	46 10
36 50	49 50	49 15	48 85	48 60	48 25	48 »	47 65	47 35	47 10	46 75
37 »	50 15	49 85	49 55	49 25	48 90	48 65	48 35	48 »	47 75	47 35
37 50	50 85	50 50	50 20	49 95	49 55	49 30	49 »	48 65	48 40	48 »
38 »	51 55	51 20	50 90	50 60	50 30	49 95	49 65	49 30	49 »	48 65
38 50	52 20	51 85	51 55	51 25	50 90	50 60	50 30	49 95	49 65	49 30
39 »	52 90	52 55	52 20	51 95	51 55	51 25	50 95	50 60	50 30	49 95
39 50	53 55	53 20	52 90	52 60	52 20	51 95	51 60	51 25	50 95	50 60
40 »	54 25	53 90	53 55	53 25	52 90	52 60	52 25	51 90	51 60	51 20
40 50	54 90	54 55	54 25	53 95	53 55	53 25	52 90	52 55	52 25	51 85
41 »	55 60	55 25	54 90	54 60	54 20	53 90	53 55	53 20	52 90	52 50
Différ.	0 70	0 65	0 65	0 65	0 65	0 65	0 65	0 65	0 65	0 65

PRIX PERPÉTUEL DES FARINES.

Prix de la quantité de blé employé pour en obtenir 100 kilos de farines rondes.

PRIX perpétuel des BLÉS par 100 k. brut.	Poids naturel de l'hect. de blé 80 k. rendement par %. k.		Poids naturel de l'hect. de blé 81 k. rendement par %. k.		Poids naturel de l'hect. de blé 82 k. rendement par %. k.		Poids naturel de l'hect. de blé 83 k. rendement par %. k.		Poids naturel de l'hect. de blé 84 k. rendement par %. k.	
	80 k. »»	80 k. 500	81 k. »»	81 k. 500	82 k. »»	82 k. 500	83 k. »»	83 k. 500	84 k. »»	84 k. 500
Quantité de blé employé.	125 k. »»	124 k. 230	123 k. 460	122 k. 700	121 k. 950	121 k. 200	120 k 450	119 k. 700	119 k »»	118 k 200
Prix du blé employé pour en obtenir 100 k. de farine.	fr. c.	fr. c.	fr. c.	fr. c.	fr. c.	fr. c.	fr. c.	fr. c.	fr. c.	fr. c.
16 »	20 30	20 20	20 10	20 »	19 80	19 65	19 50	19 40	19 30	19 15
16 50	20 95	20 85	20 75	20 60	20 40	20 25	20 10	20 »	19 90	19 75
17 »	21 60	21 45	21 35	21 25	21 05	20 90	20 75	20 60	20 50	20 35
17 50	22 20	22 10	22 »	21 85	21 65	21 50	21 35	21 20	21 10	20 95
18 »	22 85	22 75	22 60	22 50	22 30	22 10	21 95	21 85	21 70	21 55
18 50	23 50	23 35	23 25	23 10	22 90	22 75	22 55	22 45	22 30	22 15
19 »	24 15	24 »	23 85	23 75	23 50	23 35	23 20	23 05	22 90	22 75
19 50	24 75	24 65	24 50	24 35	24 15	23 95	23 80	23 65	23 55	23 35
20 »	25 40	25 25	25 10	25 »	24 75	24 60	24 40	24 25	24 15	23 95
20 50	26 05	25 90	25 75	25 60	25 40	25 20	25 05	24 85	24 75	24 55
21 »	26 70	26 55	26 40	26 25	26 »	25 80	25 65	25 50	25 35	25 15
21 50	27 30	27 15	27 »	26 85	26 60	26 45	26 25	26 10	25 95	25 75
22 »	27 95	27 80	27 65	27 50	27 25	27 05	26 85	26 70	26 55	26 35
22 50	28 60	28 45	28 25	28 10	27 85	27 65	27 50	27 30	27 15	26 95
23 »	29 25	29 10	28 90	28 75	28 50	28 30	28 10	27 90	27 75	27 55
23 50	29 85	29 70	29 50	29 35	29 10	28 90	28 70	28 50	28 35	28 15
24 »	30 50	30 35	30 15	30 »	29 70	29 50	29 30	29 15	28 95	28 75
24 50	31 15	31 »	30 80	30 60	30 35	30 15	29 95	29 75	29 55	29 35
25 »	31 80	31 60	31 40	31 25	30 95	30 75	30 55	30 35	30 15	29 95
25 50	32 40	32 25	32 05	31 85	31 60	31 35	31 15	30 95	30 80	30 55
26 »	33 05	32 90	32 65	32 50	32 20	32 »	31 80	31 55	31 40	31 15
26 50	33 70	33 50	33 30	33 10	32 80	32 60	32 40	32 15	32 »	31 75
27 »	34 35	34 15	33 90	33 75	33 45	33 20	33 »	32 80	32 60	32 35
27 50	34 95	34 80	34 55	34 35	34 05	33 85	33 60	33 40	33 20	32 95
28 »	35 60	35 40	35 15	35 »	34 70	34 45	34 25	34 »	33 80	33 55
28 50	36 25	36 05	35 80	35 60	35 30	35 05	34 85	34 60	34 40	34 15
Différ.	0 65	0 65	0 65	0 60	0 60	0 60	0 60	0 60	0 60	0 60

PRIX PERPÉTUEL DES FARINES.

Prix de la quantité de blé employé pour en obtenir 100 kilos de farines rondes.

PRIX perpétuel des BLÉS par 100 k. brut.	Poids naturel de l'hect. de blé 80 k. rendement par %. k. 80 k. »» — 80 k. 500 Quantité de blé employé. 123 k. »» — 124 k. 230		Poids naturel de l'hect. de blé 81 k. rendement par %. k. 81 k. »» — 81 k. 500 Quantité de blé employé. 123 k. 460 — 122 k. 700		Poids naturel de l'hect. de blé 82 k. rendement par %. k. 82 k. »» — 82 k. 500 Quantité de blé employé. 121 k. 950 — 121 k. 200		Poids naturel de l'hect. de blé 83 k. rendement par %. k. 83 k. »» — 83 k. 500 Quantité de blé employé. 120 k. 450 — 119 k. 700		Poids naturel de l'hect. de blé 84 k. rendement par %. k. 84 k. »» — 84 k. 500 Quantité de blé employé. 119 k. »» — 118 k. 200	
fr. c.	fr. c.	fr. c.	fr. c.	fr. c.	fr. c.	fr. c.	fr. c.	fr. c.	fr. c.	fr. c.
29 »	36 90	36 70	36 45	36 20	35 90	35 70	35 45	35 20	35 »	34 75
29 50	37 35	37 30	37 05	36 85	36 55	36 30	36 10	35 80	35 60	35 35
30 »	38 15	37 96	37 70	37 45	36 95	36 70	36 40	36 20	36 20	35 95
30 50	38 80	38 60	38 30	38 10	37 80	37 55	37 20	37 05	36 80	36 55
31 »	39 45	39 20	38 95	38 70	38 40	38 15	37 90	37 65	37 40	37 15
31 50	40 10	39 85	39 55	39 35	39 »	38 80	38 55	38 25	38 »	37 75
32 »	40 70	40 50	40 20	40 »	39 65	39 40	39 15	38 85	38 65	38 35
32 50	41 35	41 10	40 80	40 60	40 25	40 »	39 75	39 45	39 25	38 95
33 »	42 »	41 75	41 45	41 20	40 90	40 65	40 40	40 05	39 85	39 75
33 50	42 65	42 40	42 10	41 85	41 50	41 25	41 »	40 70	40 45	40 15
34 »	43 25	43 »	42 70	42 45	42 10	41 85	41 60	41 30	41 05	40 75
34 50	43 90	43 65	43 35	43 10	42 75	42 50	42 20	41 90	41 65	41 35
35 »	44 55	44 30	43 95	43 70	43 35	43 10	42 85	42 50	42 25	41 95
35 50	45 20	44 95	44 60	44 35	44 »	43 70	43 45	43 10	42 85	42 55
36 »	45 80	45 55	45 20	44 95	44 60	44 35	44 05	43 70	43 45	43 15
36 50	46 45	46 20	45 85	45 60	45 20	44 95	44 65	44 35	44 05	43 75
37 »	47 10	46 85	46 50	46 20	45 85	45 55	45 30	44 95	44 65	44 35
37 50	47 75	47 45	47 10	46 85	46 45	46 20	45 90	45 55	45 25	44 95
38 »	48 35	48 10	47 75	47 45	47 10	46 80	46 50	46 15	45 90	45 55
38 50	49 »	48 75	48 35	48 10	47 70	47 40	47 15	46 75	46 50	46 15
39 »	49 65	49 35	49 »	48 70	48 30	48 05	47 75	47 35	47 10	46 75
39 50	50 30	50 »	49 60	49 35	48 95	48 65	48 35	48 »	47 70	47 35
40 »	50 90	50 65	50 25	49 95	49 55	49 25	48 95	48 60	48 30	47 95
40 50	51 55	51 25	50 85	50 60	50 20	49 90	49 60	48 20	48 90	48 55
41 »	52 20	51 90	51 50	51 20	50 80	50 50	50 20	49 80	49 50	49 15
Différ.	0 65	0 65	0 65	0 60	0 60	0 60	0 60	0 60	0 60	0 60

PRIX PERPÉTUEL DES FARINES.

Prix de la quantité de blé employé pour en obtenir 122 k. 1/2 de farines rondes.

PRIX perpétuel des BLÉS par 100 k. brut.	Poids naturel de l'hect. de blé 70 k. rendement par %k.		Poids naturel de l'hect. de blé 71 k. rendement par %k.		Poids naturel de l'hect. de blé 72 k. rendement par %k.		Poids naturel de l'hect. de blé 73 k. rendement par %k.		Poids naturel de l'hect. de blé 74 k. rendement par %k.	
	70 k. »»	70 k. 500	71 k. »»	71 k. 500	72 k. »»	72 k. 500	73 k. »»	73 k. 500	74 k. »»	74 k. 500
	Quantité de blé employé.		Quantité de blé employé.		Quantité de blé employé.		Quantité de blé employé		Quantité de blé employé.	
	175 k. »»	173 k. 770	172 k. 540	171 k. 340	170 k. 140	169 k. 110	168 k. 080	166 k. 810	165 k. 540	164 k. 440
	Prix du blé employé pour en obtenir 122 k. 1/2 de farine.	Prix du blé employé pour en obtenir 122 k. 1/2 de farine.	Prix du blé employé pour en obtenir 122 k. 1/2 de farine.	Prix du blé employé pour en obtenir 122 k. 1/2 de farine.	Prix du blé employé pour en obtenir 122 k. 1/2 de farine.	Prix du blé employé pour en obtenir 122 k. 1/2 de farine.	Prix du blé employé pour en obtenir 122 k. 1/2 de farine.	Prix du blé employé pour en obtenir 122 k. 1/2 de farine.	Prix du blé employé pour en obtenir 122 k. 1/2 de farine.	Prix du blé employé pour en obtenir 122 k. 1/2 de farine.
fr. c.	fr. c.	fr. c.	fr. c.	fr. c.	fr. c.	fr. c.	fr. c.	fr. c.	fr. c.	fr. c.
16 »	28 20	28 »	27 85	27 70	27 55	27 40	27 20	27 05	26 90	26 70
16 50	29 05	28 85	28 70	28 55	28 40	28 25	28 05	27 90	27 75	27 55
17 »	29 95	29 75	29 55	29 40	29 25	29 10	28 90	28 75	28 55	29 20
17 50	30 80	30 60	30 45	30 25	30 10	29 95	29 75	29 75	29 40	30 »
18 »	31 70	31 45	31 30	31 15	30 95	30 80	30 55	30 40	31 05	30 »
18 50	32 55	32 35	32 15	32 »	31 80	31 65	31 40	31 25	31 90	30 85
19 »	33 45	33 20	33 »	32 85	32 65	32 50	32 25	32 10	32 75	31 65
19 50	34 30	34 05	33 90	33 70	33 50	33 35	33 10	32 90	33 55	32 50
20 »	35 15	34 95	34 75	34 55	34 35	34 20	33 95	33 75	33 55	33 35
20 50	36 05	35 80	35 60	35 40	35 20	35 »	34 80	34 60	34 40	34 15
21 »	36 90	36 65	36 45	36 25	36 05	35 85	35 65	35 45	35 25	35 »
21 50	37 80	37 55	37 35	37 15	36 90	36 70	36 45	36 25	36 05	35 80
22 »	38 65	38 40	38 20	38 »	37 75	37 55	37 30	37 10	36 90	36 65
22 50	39 50	39 25	39 05	38 85	38 65	38 40	38 15	37 95	37 75	37 50
23 »	40 40	40 15	39 90	39 70	39 50	39 25	39 »	38 80	38 55	38 30
23 50	41 25	41 »	40 80	40 55	40 35	40 10	39 85	39 60	39 40	39 15
24 »	42 15	41 85	41 65	41 40	41 20	40 95	40 70	40 45	40 25	39 95
24 50	43 »	42 75	42 50	42 25	42 05	41 80	41 55	41 30	41 05	40 80
25 »	43 90	43 60	43 35	43 15	42 90	42 65	42 35	42 15	41 90	41 60
25 50	44 75	44 45	44 25	44 »	43 75	43 50	43 20	42 95	42 75	42 45
26 »	45 60	45 35	45 10	44 85	44 60	44 35	44 05	43 80	43 55	43 30
26 50	46 50	46 20	45 95	45 70	45 45	45 20	44 90	44 65	44 40	44 10
27 »	47 35	47 05	46 80	46 55	46 30	46 »	45 75	45 50	45 25	44 95
27 50	48 25	47 95	47 70	47 40	47 15	46 90	46 60	46 30	46 05	45 75
28 »	49 10	48 80	48 55	48 25	48 »	47 75	47 45	47 15	46 90	46 60
28 50	49 95	49 65	49 40	49 10	48 85	48 55	48 25	48 »	47 70	47 40
Différ.	0 85	0 85	0 85	0 85	0 85	0 85	0 85	0 85	0 85	0 85

Prix de la quantité de blé employé pour en obtenir 122 k. 1/2 de farines rondes.

PRIX perpétuel des BLÉS par 100 k. brut.	Poids naturel de l'hect. de blé 70 k. rendement par % k.		Poids naturel de l'hect. de blé 71 k. rendement par % k.		Poids naturel de l'hect. de blé 72 k. rendement par % k.		Poids naturel de l'hect. de blé 73 k. rendement par % k.		Poids naturel de l'hect. de blé 74 k. rendement par % k.	
	70 k. »»	70 k. 500	71 k. »»	71 k. 500	72 k. »»	72 k. 500	73 k. »»	73 k. 500	74 k. »»	74 k. 500
	Quantité de blé employé.		Quantité de blé employé.		Quantité de blé employé.		Quantité de blé employé.		Quantité de blé employé.	
	175 k. »»	173 k. 770	172 k. 540	171 k. 340	170 k. 140	169 k. 110	168 k. 080	166 k. 810	165 k. 540	164 k. 440
	Prix du blé employé pour en obtenir 122 k. 1/2 de farine.		Prix du blé employé pour en obtenir 122 k. 1/2 de farine.		Prix du blé employé pour en obtenir 122 k. 1/2 de farine.		Prix du blé employé pour en obtenir 122 k. 1/2 de farine.		Prix du blé employé pour en obtenir 122 k. 1/2 de farine.	
fr. c.	fr. c.	fr. c.	fr. c.	fr. c.	fr. c.	fr. c.	fr. c.	fr. c.	fr. c.	fr. c.
29 »	50 85	50 55	50 25	50 »	49 70	49 40	49 10	48 85	48 55	48 25
29 50	51 70	51 40	51 10	50 85	50 55	50 25	49 95	49 70	49 40	49 10
30 »	52 60	52 30	52 »	51 70	51 40	51 10	50 80	50 50	50 20	49 90
30 50	53 45	53 15	52 85	52 35	52 25	51 95	51 65	51 35	51 05	50 75
31 »	54 35	54 »	53 70	53 40	53 10	52 80	52 50	52 20	51 90	51 55
31 50	55 20	54 90	54 55	54 25	53 95	53 65	53 35	53 05	52 70	52 40
32 »	56 05	55 75	55 10	54 80	54 50	54 20	53 85	53 85	53 35	53 25
32 50	56 95	56 60	56 30	56 »	55 65	55 35	55 »	54 70	54 40	54 05
33 »	57 80	57 50	57 15	56 85	56 50	56 20	55 85	55 55	55 20	54 90
33 50	58 70	58 35	58 »	57 70	57 35	57 05	56 70	56 40	56 05	55 70
34 »	59 55	59 20	58 90	58 20	58 20	57 90	57 20	56 90	56 55	56 55
34 50	60 45	60 10	59 75	59 40	59 05	58 75	58 40	58 05	57 70	57 35
35 »	61 30	60 95	60 60	60 25	59 95	59 60	59 25	58 90	58 55	58 20
35 50	62 15	61 80	61 45	61 10	60 80	60 45	60 10	59 75	59 40	59 05
36 »	63 05	62 70	62 35	62 »	61 65	61 30	60 90	60 55	60 20	59 85
36 50	63 90	63 55	63 20	62 85	62 50	62 15	61 75	61 40	61 05	60 70
37 »	64 80	64 40	64 05	63 70	63 35	62 95	62 60	62 25	61 90	61 50
37 50	65 65	65 30	64 90	64 55	64 20	63 80	63 45	63 10	62 70	62 35
38 »	66 50	66 15	65 80	65 40	65 05	64 65	64 30	63 90	63 55	63 20
38 50	67 40	67 »	66 65	66 25	65 90	65 50	65 15	64 75	64 40	64 »
39 »	68 25	67 90	67 50	67 10	66 75	66 35	66 »	65 60	65 20	64 85
39 50	69 15	68 75	68 35	68 »	67 60	67 20	66 80	66 45	66 05	65 65
40 »	70 »	69 60	69 25	68 85	68 45	68 05	67 65	67 25	66 90	66 50
40 50	70 90	70 50	70 10	69 70	69 30	68 90	68 50	68 10	67 70	67 30
41 »	71 75	71 35	70 95	70 55	70 15	69 75	69 35	68 95	68 55	68 15
Différ.	0 85	0 85	0 85	0 85	0 85	0 85	0 85	0 85	0 85	0 85

C

PRIX PERPÉTUEL DES FARINES.

Prix de la quantité de blé employé pour en obtenir 122 k. 1/2 de farines de toutes fleurs.

PRIX perpétuel des BLÉS par 100 k. brut.	Poids naturel de l'hect. de blé 75 k. rendement par °/₀ k.		Poids naturel de l'hect. de blé 76 k. rendement par °/₀ k.		Poids naturel de l'hect. de blé 77 k rendement par °/₀ k.		Poids naturel de l'hect. de blé 78 k. rendement par°/₀ k.		Poids naturel de l'hect. de blé 79 k. rendement par °/₀.	
	75 k. »»	75 k. 500	76 k. »»	76 k. 500	77 k. »»	77 k. 500	78 k. »»	78 k. 500	79 k. »»	79 k. 500
	Quantité de blé employé.		Quantité de blé employé.		Quantité de blé employé.		Quantité de blé employé.		Quantité de blé employé.	
	163 k.330	162 k 260	161 k.190	160 k.140	159 k.020	158 k.080	157 k.080	156 k.070	155 k.060	154 k.090
	Prix du blé employé pour en obtenir 122 k. 1/2 de farine.	Prix du blé employé pour en obtenir 122 k. 1/2 de farine.	Prix du blé employé pour en obtenir 122 k. 1/2 de farine.	Prix du blé employé pour en obtenir 122 k. 1/2 de farine.	Prix du blé employé pour en obtenir 122 k. 1/2 de farine.	Prix du blé employé pour en obtenir 122 k. 1/2 de farine.	Prix du blé employé pour en obtenir 122 k. 1/2 de farine.	Prix du blé employé pour en obtenir 122 k. 1/2 de farine.	Prix du blé employé pour en obtenir 122 k. 1/2 de farine.	Prix du blé employé pour en obtenir 122 k. 1/2 de farine.
fr. c.	fr. c.	fr. c.	fr. c.	fr. c.	fr. c.	fr. c.	fr. c.	fr. c.	fr. c.	fr. c.
16 »	26 55	26 40	26 25	26 10	25 90	25 75	25 60	25 40	25 25	25 10
16 50	27 35	27 20	27 05	26 90	26 70	26 55	26 40	26 20	26 05	25 90
17 »	28 20	28 05	27 90	27 70	27 50	27 35	27 20	27 »	26 80	26 65
17 50	29 »	28 85	28 70	28 55	28 30	28 15	28 »	27 75	27 60	27 45
18 »	29 85	29 70	29 50	29 35	29 10	28 95	28 80	28 55	28 40	28 20
18 50	30 65	30 50	30 30	30 15	29 90	29 75	29 55	29 35	29 20	29 »
19 »	31 50	31 30	31 15	30 95	30 75	30 55	30 35	30 15	29 95	29 80
19 50	32 30	32 15	31 95	31 75	31 55	31 35	31 15	30 95	30 75	30 55
20 »	33 15	32 95	32 75	32 55	32 35	32 15	31 95	31 75	31 55	31 35
20 50	33 95	33 75	33 60	33 40	33 15	32 95	32 75	32 50	32 30	32 15
21 »	34 80	34 60	34 40	34 20	33 95	33 75	33 55	33 30	33 10	32 90
21 50	35 60	35 40	35 20	35 »	34 75	34 55	34 35	34 10	33 90	33 70
22 »	36 45	36 25	36 »	35 80	35 55	35 35	35 15	34 90	34 70	34 45
22 50	37 25	37 05	36 85	36 60	36 35	36 15	35 95	35 70	35 45	35 25
23 »	38 10	37 85	37 65	37 45	37 15	36 95	36 75	36 45	36 25	36 05
23 50	38 90	38 70	38 45	38 25	37 95	37 75	37 50	37 25	37 05	36 80
24 »	39 75	39 50	39 25	39 05	38 80	38 55	38 30	38 05	37 85	37 60
24 50	40 55	40 30	40 10	39 85	39 60	39 35	39 10	38 85	38 60	38 40
25 »	41 40	41 15	40 90	40 65	40 40	40 15	39 90	39 65	39 40	39 15
25 50	42 20	41 95	41 70	41 45	41 20	40 95	40 70	40 45	40 20	39 95
26 »	43 05	42 80	42 55	42 30	42 »	41 75	41 50	41 20	40 95	40 70
26 50	43 85	43 60	43 35	43 10	42 80	42 55	42 30	42 »	41 75	41 50
27 »	44 70	44 40	44 15	43 90	43 60	43 35	43 10	42 80	42 55	42 30
27 50	45 50	45 25	44 95	44 70	44 40	44 15	43 90	43 60	43 35	43 05
28 »	46 35	46 05	45 80	45 50	45 20	44 95	44 70	44 40	44 10	43 85
28 50	47 15	46 85	46 60	46 30	46 »	45 75	45 45	45 15	44 90	44 60
Differ.	0 80	0 80	0 80	0 80	0 80	0 80	0 80	0 80	0 80	0 80

Prix de la quantité de blé employé pour en obtenir 122 k. 1/2 de farines de toutes fleurs.

PRIX perpétuel des BLÉS par 100 k. brut.	Poids naturel de l'hect. de blé 75 k. rendement par %k.		Poids naturel de l'hect. de blé 76 k. rendement par %k.		Poids naturel de l'hect. de blé 77 k. rendement par %k.		Poids naturel de l'hect. de blé 78 k. rendement par %k.		Poids naturel de l'hect. de blé 79 k. rendement par %k.	
	75 k. »»	75 k. 500	76 k. »»	76 k. 500	77 k. »»	77 k. 500	78 k. »»	78 k. 500	79 k. »»	79 k. 500
	Quantité de blé employé. 163 k.330	162 k.260	Quantité de blé employé. 161 k.190	160 k.140	Quantité de blé employé. 159 k.020	158 k.080	Quantité de blé employé. 157 k.080	156 k.070	Quantité de blé employé. 155 k.060	154 k.090
	Prix du blé employé pour en obtenir 122 k. 1/2 de farine.	Prix du blé employé pour en obtenir 122 k. 1/2 de farine.	Prix du blé employé pour en obtenir 122 k. 1/2 de farine.	Prix du blé employé pour en obtenir 122 k. 1/2 de farine.	Prix du blé employé pour en obtenir 122 k. 1/2 de farine.	Prix du blé employé pour en obtenir 122 k. 1/2 de farine.	Prix du blé employé pour en obtenir 122 k. 1/2 de farine.	Prix du blé employé pour en obtenir 122 k. 1/2 de farine.	Prix du blé employé pour en obtenir 122 k. 1/2 de farine.	Prix du blé employé pour en obtenir 122 k. 1/2 de farine.
fr. c.	fr. c.	fr. c.	fr. c.	fr. c.	fr. c.	fr. c.	fr. c.	fr. c.	fr. c.	fr. c.
29 »	47 95	47 70	47 40	47 15	46 85	46 55	46 25	45 95	45 70	45 40
29 50	48 80	48 50	48 25	47 95	47 65	47 35	47 05	46 75	46 45	46 20
30 »	49 60	49 35	49 05	48 75	48 45	48 15	47 85	47 55	47 25	46 95
30 50	50 45	50 15	49 85	49 55	49 25	48 95	48 65	48 35	48 05	47 75
31 »	51 25	50 95	50 65	50 35	50 05	49 75	49 45	49 15	48 85	48 55
31 50	52 10	51 80	51 50	51 20	50 85	50 55	50 25	49 90	49 60	49 30
32 »	52 90	52 60	52 30	52 »	51 65	51 35	51 05	50 70	50 40	50 10
32 50	53 75	53 45	53 10	52 80	52 45	52 15	51 85	51 50	51 20	50 85
33 »	54 55	54 25	53 95	53 60	53 25	52 95	52 65	52 30	51 95	51 65
33 50	55 40	55 05	54 75	54 40	54 05	53 75	53 40	53 10	52 75	52 45
34 »	56 20	55 90	55 55	55 20	54 90	54 55	54 20	53 90	53 55	53 20
34 50	57 05	56 70	56 35	56 05	55 70	55 35	55 »	54 65	54 35	54 »
35 »	57 85	57 50	57 20	56 85	56 50	56 15	55 80	55 45	55 10	54 80
35 50	58 70	58 35	58 »	57 70	57 30	56 95	56 60	56 25	55 90	55 55
36 »	59 50	59 15	58 80	58 45	58 10	57 75	57 40	57 05	56 70	56 35
36 50	60 35	60 »	59 60	59 25	58 90	58 55	58 20	57 85	57 50	57 10
37 »	61 15	60 80	60 45	60 10	59 70	59 35	59 »	58 60	58 25	57 90
37 50	62 »	61 60	61 25	60 90	60 50	60 15	59 80	59 40	59 05	58 70
38 »	62 80	62 45	62 05	61 70	61 30	60 95	60 60	60 20	59 85	59 45
38 50	63 65	63 25	62 90	62 50	62 10	61 75	61 35	61 »	60 60	60 25
39 »	64 45	64 05	63 70	63 30	62 95	62 55	62 15	61 80	61 40	61 05
39 50	65 30	64 90	64 50	64 10	63 75	63 35	62 95	62 60	62 20	61 80
40 »	66 10	65 70	65 30	64 95	64 55	64 15	63 75	63 35	63 »	62 60
40 50	66 95	66 55	66 15	65 75	65 35	64 95	64 55	64 15	63 75	63 35
41 »	67 75	67 35	66 95	66 55	66 15	65 75	65 35	64 95	64 55	64 15
Différ.	0 80	0 80	0 80	0 80	0 80	0 80	0 80	0 80	0 80	0 80

PRIX PERPÉTUEL DES FARINES.

Prix de la quantité de blé employé pour en obtenir 122 k. 1/2 de farines de toutes fleurs.

PRIX perpétuel des BLÉS par 100 k. brut.	Poids naturel de l'hect. de blé 80 k. rendement par %k. 80 k. »»		Poids naturel de l'hect. de blé 81 k. rendement par %k. 81 k. »»		Poids naturel de l'hect. de blé 82 k. rendement par %k. 82 k. »»		Poids naturel de l'hect. de blé 83 k. rendement par %k. 83 k. »»		Poids naturel de l'hect. de blé 84 k. rendement par %k. 84 k. »»	
	80 k. »» / Quantité de blé employé. 153 k. 120	80 k. 500 / 152 k. 180	81 k. »» / 151 k. 230	81 k. 500 / 150 k. 310	82 k. »» / 149 k. 390	82 k. 500 / 148 k. 440	83 k. »» / 147 k. 500	83 k. 500 / 146 k. 600	84 k. »» / 145 k. 760	84 k. 500 / 144 k. 900
	Prix du blé employé pour en obtenir 122 k. 1/2 de farine.	Prix du blé employé pour en obtenir 122 k. 1/2 de farine.	Prix du blé employé pour en obtenir 122 k. 1/2 de farine.	Prix du blé employé pour en obtenir 122 k. 1/2 de farine.	Prix du blé employé pour en obtenir 122 k. 1/2 de farine.	Prix du blé employé pour en obtenir 122 k. 1/2 de farine.	Prix du blé employé pour en obtenir 122 k. 1/2 de farine.	Prix du blé employé pour en obtenir 122 k. 1/2 de farine.	Prix du blé employé pour en obtenir 122 k. 1/2 de farine.	Prix du blé employé pour en obtenir 122 k. 1/2 de farine.
fr. c.	fr. c.	fr. c.	fr. c.	fr. c.	fr. c.	fr. c.	fr. c.	fr. c.	fr. c.	fr. c.
16 »	24 05	24 75	24 60	24 45	24 30	24 10	23 95	23 80	23 60	23 45
16 50	25 75	25 50	25 35	25 20	25 05	24 85	24 70	24 55	24 35	24 20
17 »	26 50	26 30	26 15	25 95	25 80	25 60	25 45	25 30	25 10	24 90
17 50	27 30	27 05	26 90	26 75	26 55	26 35	26 20	26 05	25 80	25 65
18 »	28 05	27 85	27 65	27 50	27 35	27 10	26 95	26 75	26 55	26 40
18 50	28 85	28 60	28 45	28 25	28 10	27 85	27 70	27 50	27 30	27 10
19 »	29 60	29 40	29 20	29 »	28 85	28 60	28 45	28 35	28 05	27 85
19 50	30 40	30 15	29 95	29 80	29 60	29 35	29 20	29 »	28 75	28 60
20 »	31 15	30 95	30 75	30 55	30 35	30 10	29 95	29 75	29 50	29 30
20 50	31 95	31 70	31 50	31 30	31 10	30 90	30 70	30 50	30 25	30 05
21 »	32 70	32 45	32 25	32 05	31 85	31 65	31 45	31 25	31 »	30 80
21 50	33 50	33 25	33 05	32 85	32 05	32 40	32 20	31 95	31 75	31 50
22 »	34 25	34 »	33 80	33 60	33 40	33 15	32 95	32 70	32 45	32 25
22 50	35 05	34 80	34 55	34 35	34 15	33 90	33 65	33 45	33 20	33 »
23 »	35 80	35 55	35 35	35 10	34 90	34 65	34 40	34 20	33 95	33 75
23 50	36 60	36 35	36 10	35 90	35 65	35 40	35 15	34 95	34 70	34 45
24 »	37 35	37 10	36 85	36 65	36 40	36 15	35 90	35 70	35 40	35 20
24 50	38 15	37 85	37 65	37 40	37 15	36 90	36 65	36 45	36 15	35 95
25 »	38 90	38 65	38 40	38 15	37 95	37 65	37 40	37 15	36 90	36 65
25 50	39 70	39 40	39 15	38 95	38 70	38 40	38 15	37 90	37 65	37 40
26 »	40 45	40 20	39 95	39 70	39 45	39 15	38 90	38 65	38 40	38 15
26 50	41 25	40 95	40 70	40 45	40 20	39 90	39 65	39 40	39 10	38 85
27 »	42 »	41 75	41 45	41 20	40 95	40 65	40 40	40 15	39 85	39 60
27 50	42 80	42 50	42 25	42 »	41 70	41 40	41 15	40 90	40 60	40 35
28 »	43 55	43 30	43 »	42 75	42 45	42 15	41 90	41 65	41 35	41 05
28 50	44 35	44 05	43 75	43 50	43 20	42 90	42 65	42 35	42 05	41 80
Différ.	0 80	0 75	0 75	0 75	0 75	0 75	0 75	0 75	0 75	0 75

PRIX PERPÉTUEL DES FARINES.

Prix de la quantité de blé employé pour en obtenir 122 k. 1/2 de farines de toutes fleurs.

PRIX perpétuel des BLÉS par 100 k. brut.	Poids naturel de l'hect. de blé 80 k. rendement par °/. k.		Poids naturel de l'hect. de blé 81 k. rendement par °/. k.		Poids naturel de l'hect. de blé 82 k. rendement par °/. k.		Poids naturel de l'hect. de blé 83 k. rendement par °/. k.		Poids naturel de l'hect. de blé 84 k. rendement par °/. k.	
	80 k.»»	80 k.500	81 k.»»	81 k.500	82 k.»»	82 k.500	83 k.»»	83 k.500	84 k.»»	84 k.500
	Quantité de blé employé.									
	153 k.120	152 k.180	151 k.230	150 k.310	149 k.390	148 k.440	147 k.500	146 k.600	145 k.760	144 k.900
	Prix du blé employé pour en obtenir 122 k. 1/2 de farine.									
fr. c.	fr. c.	fr. c.	fr. c.	fr. c.	fr. c.	fr. c.	fr. c.	fr.	fr. c.	fr. c.
29 »	45 15	44 80	44 55	44 25	44 »	43 70	43 40	43 10	42 80	42 55
29 50	45 90	45 60	45 30	45 »	44 75	44 45	44 15	43 85	43 55	43 25
30 »	46 70	46 35	46 10	45 80	45 50	45 20	44 90	44 60	44 30	44 »
30 50	47 45	47 15	46 85	46 55	46 25	45 95	45 65	45 35	45 05	44 75
31 »	48 25	47 90	47 60	47 30	47 »	46 70	46 40	46 10	45 75	45 45
31 50	49 »	48 70	48 40	48 05	47 75	47 45	47 15	46 85	46 50	46 20
32 »	49 80	49 45	49 15	48 85	48 50	48 20	47 90	47 60	47 25	46 95
32 50	50 55	50 25	49 90	49 60	49 30	48 95	48 65	48 30	48 »	47 65
33 »	51 35	51 »	50 70	50 35	50 05	49 70	49 40	49 05	48 75	48 40
33 50	52 10	51 75	51 45	51 10	50 80	50 45	50 15	49 80	49 45	49 15
34 »	52 90	52 55	52 20	51 90	51 55	51 20	50 90	50 55	50 20	49 85
34 50	53 65	53 30	53 »	52 65	52 30	51 95	51 65	51 30	50 95	50 60
35 »	54 45	54 10	53 75	53 40	53 05	52 70	52 35	52 05	51 70	51 35
35 50	55 20	54 85	54 50	54 15	53 80	53 45	53 10	52 80	52 40	52 10
36 »	56 »	55 65	55 30	54 95	54 60	54 20	53 85	53 50	53 90	52 80
36 50	56 75	56 40	55 65	56 05	55 70	55 35	54 60	54 25	53 90	53 55
37 »	57 85	57 15	56 80	56 45	56 10	55 75	55 35	55 »	54 65	54 30
37 50	58 55	57 95	57 60	57 20	56 85	56 50	56 10	55 75	55 40	55 »
38 »	59 10	58 70	58 35	58 »	57 60	57 25	56 85	56 50	56 10	55 75
38 50	59 85	59 50	59 10	58 75	58 35	58 »	57 60	57 25	56 85	56 50
39 »	60 65	60 25	59 90	59 50	59 10	58 75	58 35	58 »	57 60	57 20
39 50	61 40	61 05	60 65	60 25	59 90	59 50	59 10	58 70	58 35	57 95
40 »	62 20	61 80	61 40	61 05	60 65	60 25	59 85	59 45	59 05	58 70
40 50	62 95	62 60	62 20	61 80	61 40	61 »	60 60	60 20	59 80	59 40
41 »	63 75	63 35	62 95	62 55	62 15	61 75	61 35	60 95	60 55	60 15
Différ.	0 80	0 75	0 75	0 75	0 75	0 75	0 75	0 75	0 75	0 75

PRIX PERPÉTUEL DES FARINES.

Prix de la quantité de blé employé pour en obtenir 125 k. de farines de toutes fleurs.

PRIX perpétuel des BLÉS par 100 k. brut.	Poids naturel de l'hect. de blé 70 k. rendement par %k.		Poids naturel de l'hect. de blé 71 k. rendement par %k.		Poids naturel de l'hect. de blé 72 k. rendement par %k.		Poids naturel de l'hect. de blé 73 k. rendement par %k.		Poids naturel de l'hect. de blé 74 k. rendement par %k.	
	70 k. »»	70 k. 500	71 k. »»	71 k. 500	72 k. »»	72 k. 500	73 k. »»	73 k. 500	74 k. »»	74 k. 500
	Quantité de blé employé. 178k.580	177k.320	Quantité de blé employé. 176k.060	174k.840	Quantité de blé employé. 173k.620	172k.430	Quantité de blé employé. 171k.230	170k.080	Quantité de blé employé. 168k.920	167k.790
fr. c.	fr. c.	fr. c.	fr. c.	fr. c.	fr. c.	fr. c.	fr. c.	fr. c.	fr. c.	fr. c.
16 »	28 80	28 60	28 45	28 30	28 10	27 95	27 80	27 60	27 45	27 30
16 50	29 70	29 50	29 35	29 20	29 »	28 80	28 65	28 45	28 30	28 15
17 »	30 60	30 40	30 25	30 05	29 85	29 70	29 55	29 35	29 15	29 »
17 50	31 50	31 30	31 10	30 95	30 75	30 55	30 40	30 20	30 »	29 85
18 »	32 40	32 20	32 »	31 85	31 60	31 45	31 25	31 05	30 90	30 70
18 50	33 30	33 05	32 90	32 70	32 50	32 30	32 15	31 90	31 75	31 55
19 »	34 20	33 95	33 80	33 60	33 35	33 20	33 »	32 80	32 60	32 40
19 50	35 10	34 85	34 65	34 50	34 25	34 05	33 90	33 65	33 45	33 25
20 »	36 »	35 75	35 55	35 35	35 15	34 95	34 75	34 50	34 30	34 10
20 50	36 90	36 65	36 45	36 25	36 »	35 80	35 60	35 40	35 15	34 95
21 »	37 80	37 55	37 35	37 15	36 90	36 70	36 50	36 25	36 05	35 80
21 50	38 70	38 45	38 25	38 »	37 75	37 55	37 35	37 10	36 90	36 65
22 »	39 60	39 35	39 10	38 90	38 65	38 45	38 20	37 95	37 75	37 50
22 50	40 50	40 20	40 »	39 85	39 55	39 30	39 10	38 85	38 60	38 40
23 »	41 40	41 10	40 90	40 70	40 45	40 15	39 95	39 70	39 45	39 25
23 50	42 30	42 »	41 80	41 75	41 30	41 05	40 80	40 55	40 30	40 10
24 »	43 20	42 90	42 65	42 75	42 15	41 90	41 70	41 40	41 20	40 95
24 50	44 10	43 80	43 55	43 35	43 05	42 80	42 55	42 30	42 05	41 80
25 »	45 »	44 70	44 55	44 20	43 90	43 65	43 40	43 15	42 90	42 65
25 50	45 90	45 60	45 35	45 10	44 80	44 55	44 30	44 »	43 75	43 50
26 »	46 80	46 50	46 25	46 »	45 70	45 40	45 15	44 90	44 60	44 35
26 50	47 70	47 35	47 10	46 85	46 55	46 30	46 05	45 75	45 45	45 20
27 »	48 60	48 25	48 »	47 75	47 45	47 15	46 90	46 60	46 35	46 05
27 50	49 50	49 15	48 90	48 65	48 30	48 05	47 75	47 45	47 20	46 90
28 »	50 40	50 05	49 80	49 50	49 20	48 90	48 65	48 35	48 05	47 75
28 50	51 55	50 95	50 05	50 40	50 05	49 75	49 70	49 20	48 90	48 60
Différ.	0 90	0 90	0 90	0 90	0 90	0 85	0 85	0 85	0 85	0 85

Prix de la quantité de blé employé pour en obtenir 125 k. de farines de toutes fleurs.

PRIX perpétuel des BLÉS par 100 k. brut.	Poids naturel de l'hect. de blé 70 k. rendement par °/₀ k.		Poids naturel de l'hect. de blé 71 k. rendement par °/₀ k.		Poids naturel de l'hect. de blé 72 k. rendement par °/₀ k.		Poids naturel de l'hect. de blé 73 k. rendement par °/₀ k.		Poids naturel de l'hect. de blé 74 k. rendement par °/₀ k.	
	70 k.»»	70 k.500	71 k.»»	71 k.500	72 k.»»	72 k.500	73 k.»»	73 k.500	74 k.»»	74 k.500
	Quantité de blé employé. 178 k.580	Quantité de blé employé. 177 k.320	Quantité de blé employé. 176 k.060	Quantité de blé employé. 174 k.840	Quantité de blé employé. 173 k.620	Quantité de blé employé. 172 k.430	Quantité de blé employé. 171 k.230	Quantité de blé employé. 170 k.080	Quantité de blé employé. 168 k.920	Quantité de blé employé. 167 k.790
	Prix du blé employé pour en obtenir 125 k. de farine.	Prix du blé employé pour en obtenir 125 k. de farine.	Prix du blé employé pour en obtenir 125 k. de farine.	Prix du blé employé pour en obtenir 125 k. de farine.	Prix du blé employé pour en obtenir 125 k. de farine.	Prix du blé employé pour en obtenir 125 k. de farine.	Prix du blé employé pour en obtenir 125 k. de farine.	Prix du blé employé pour en obtenir 125 k. de farine.	Prix du blé employé pour en obtenir 125 k. de farine.	Prix du blé employé pour en obtenir 125 k. de farine.
fr. c.	fr. c.	fr. c.	fr. c.	fr. c.	fr. c.	fr. c.	fr. c.	fr. c.	fr. c.	fr. c.
29 »	52 15	51 85	51 55	51 30	50 95	50 65	50 35	50 05	49 75	49 45
29 50	53 05	52 75	52 45	52 15	51 85	51 50	51 25	50 95	50 60	50 30
30 »	53 95	53 65	53 35	53 05	52 70	52 40	52 10	51 80	51 45	51 15
30 50	54 85	54 55	54 25	53 95	53 60	53 25	52 95	52 65	52 35	52 »
31 »	55 75	55 40	55 10	54 80	54 45	54 15	53 85	53 50	53 20	52 85
31 50	56 65	56 30	56 »	55 70	55 35	55 »	54 70	54 40	54 05	53 70
32 »	57 55	57 20	56 90	56 60	56 25	55 90	55 60	55 25	54 90	54 45
32 50	58 45	58 10	57 80	57 45	57 10	56 75	56 45	56 10	55 75	55 40
33 »	59 35	59 »	58 70	58 35	58 »	57 65	57 30	57 »	56 60	56 25
33 50	60 25	59 90	59 55	59 25	58 85	58 50	58 20	57 85	57 50	57 10
34 »	61 15	60 80	60 45	60 10	59 75	59 40	59 05	58 70	58 35	57 95
34 50	62 05	61 70	61 35	61 »	60 60	60 25	59 90	59 55	59 20	58 85
35 »	62 95	62 55	62 25	61 90	61 50	61 10	60 80	60 45	60 05	59 70
35 50	63 85	63 45	63 10	62 80	62 40	62 »	61 65	61 30	60 90	60 55
36 »	64 75	64 35	64 »	63 65	63 25	62 85	62 50	62 15	61 75	61 40
36 50	65 65	65 25	64 90	64 55	64 15	63 75	63 40	63 »	62 65	62 25
37 »	66 55	66 15	65 80	65 45	65 »	64 60	64 25	63 90	63 50	63 10
37 50	67 45	67 05	66 70	66 35	65 90	65 50	65 10	64 75	64 35	63 95
38 »	68 35	67 95	67 55	67 20	66 80	66 35	66 »	65 60	65 20	64 80
38 50	69 25	68 85	68 45	68 10	67 65	67 25	66 85	66 50	66 05	65 65
39 »	70 15	69 70	69 35	68 95	68 55	68 10	67 75	67 35	66 90	66 50
39 50	71 05	70 60	70 25	69 85	69 40	69 »	68 60	68 20	67 80	67 35
40 »	71 95	71 50	71 10	70 75	70 30	69 85	69 45	69 05	68 65	68 20
40 50	72 85	72 40	72 »	71 60	71 15	70 75	70 35	69 95	69 50	69 »
41 »	73 75	73 30	72 90	72 50	72 05	71 60	71 20	70 80	70 35	69 90
Différ.	0 90	0 90	0 90	0 90	0 90	0 85	0 85	0 85	0 85	0 85

PRIX PERPÉTUEL DES FARINES.

Prix de la quantité de blé employé pour en obtenir 125 k. de farines de toutes fleurs.

PRIX perpétuel des BLÉS par 100 k. brut.	Poids naturel de l'hect. de blé 75 k. rendement par %k.		Poids naturel de l'hect. de blé 76 k. rendement par %k.		Poids naturel de l'hect. de blé 77 k. rendement par %k.		Poids naturel de l'hect. de blé 78 k. rendement par %k.		Poids naturel de l'hect. de blé 79 k. rendement par %k.	
	75 k. »»	75 k. 500	76 k. »»	76 k. 500	77 k. »»	77 k. 500	78 k. »»	78 k. 500	79 k. »»	79 k. 500
	Quantité de blé employé.		Quantité de blé employé.		Quantité de blé employé.		Quantité de blé employé		Quantité de blé employé.	
	166 k.670	165 k.570	164 k.470	163 k.460	162 k.340	161 k.300	160 k.260	159 k.240	158 k.230	157 k.240
	Prix du blé employé pour en obtenir 125 k. de farine.									
fr. c.	fr. c.	fr. c.	fr. c.	fr. c.	fr. c.	fr. c.	fr. c.	fr. c.	fr. c.	fr. c.
16 »	27 10	26 95	26 80	26 60	26 45	26 30	26 10	25 95	25 80	25 60
16 50	27 95	27 80	27 65	27 45	27 30	27 10	26 90	26 75	26 60	26 40
17 »	28 80	28 65	28 45	28 30	28 10	27 95	27 75	27 55	27 40	27 20
17 50	29 65	29 50	29 30	29 10	28 95	28 75	28 55	28 40	28 20	28 »
18 »	30 50	30 50	30 15	29 95	29 75	29 60	29 35	29 20	29 »	28 80
18 50	31 35	31 15	31 »	30 75	30 60	30 40	30 20	30 »	29 85	29 60
19 »	32 20	32 »	31 80	31 60	31 40	31 25	31 »	30 80	30 65	30 40
19 50	33 05	32 85	32 65	32 40	32 25	32 05	31 80	31 65	31 45	31 20
20 »	33 90	33 70	33 50	33 25	33 05	32 90	32 65	32 45	32 25	32 »
20 50	34 75	34 55	34 35	34 10	33 90	33 70	33 45	33 25	33 05	32 80
21 »	35 60	35 40	35 15	34 90	34 70	34 50	34 25	34 05	33 85	33 60
21 50	36 45	36 20	36 »	35 75	35 55	35 35	35 10	34 85	34 65	34 40
22 »	37 30	37 05	36 85	36 60	36 35	36 .15	35 90	35 70	35 45	35 20
22 50	38 10	37 90	37 70	37 40	37 20	37 »	36 70	36 50	36 30	36 05
23 »	38 95	38 75	38 50	38 25	38 05	37 80	37 55	37 30	37 10	36 85
23 50	39 80	39 60	39 35	39 10	38 85	38 65	38 35	38 10	37 90	37 65
24 »	40 65	40 45	40 20	39 90	39 70	39 45	39 15	38 95	38 70	38 45
24 50	41 50	41 30	41 05	40 75	40 50	40 25	40 »	39 75	39 50	39 25
25 »	42 35	42 10	41 85	41 60	41 35	41 10	40 80	40 55	40 30	40 05
25 50	43 20	42 95	42 70	42 40	42 15	41 90	41 60	41 35	41 10	40 85
26 »	44 05	43 80	43 55	43 25	43 »	42 75	42 45	42 15	41 90	41 65
26 50	44 90	44 65	44 40	44 05	43 80	43 55	43 30	43 »	42 75	42 45
27 »	45 75	45 50	45 20	44 90	44 65	44 40	44 05	43 80	43 55	43 25
27 50	46 60	46 35	46 05	46 05	45 75	45 20	44 90	44 60	44 35	44 05
28 »	47 45	47 20	46 90	46 55	46 30	46 05	45 70	45 40	45 15	44 85
28 50	48 30	48 »	47 70	47 40	47 10	46 85	46 50	46 20	45 95	45 65
Différ.	0 85	0 85	0 85	0 85	0 85	0 80	0 80	0 80	0 80	0 80

Prix de la quantité de blé employé pour en obtenir 125 k. de farines de toutes fleurs.

PRIX perpétuel des BLÉS par 100 k. brut.	Poids naturel de l'hect. de blé 75 k. rendement par %k.		Poids naturel de l'hect. de blé 76 k. rendement par %k.		Poids naturel de l'hect. de blé 77 k. rendement par %k.		Poids naturel de l'hect. de blé 78 k rendement par %k.		Poids naturel de l'hect. de blé 79 k. rendement par %k.	
	75 k. »»	75 k. 500	76 k. »»	76 k. 500	77 k. »»	77 k. 500	78 k. »»	78 k. 500	79 k. »»	79 k. 500
des BLÉS par 100 k. brut.	Quantité de blé employé.		Quantité de blé employé.		Quantité de blé employé.		Quantité de blé employé		Quantité de blé employé.	
	166 k.670	165 k.570	164 k.470	163 k.400	162 k.340	161 k.300	160 k.260	159 k.240	158 k.230	157 k.240
	Prix du blé employé pour en obtenir 125 k. de farine.	Prix du blé employé pour en obtenir 125 k. de farine.	Prix du blé employé pour en obtenir 125 k. de farine.	Prix du blé employé pour en obtenir 125 k. de farine.	Prix du blé employé pour en obtenir 125 k. de farine.	Prix du blé employé pour en obtenir 125 k. de farine.	Prix du blé employé pour en obtenir 125 k. de farine.	Prix du blé employé pour en obtenir 125 k. de farine.	Prix du blé employé pour en obtenir 125 k. de farine.	Prix du blé employé pour en obtenir 125 k. de farine.
fr. c.	fr. c.	fr. c.	fr. c.	fr. c.	fr. c.	fr. c.	fr. c.	fr. c.	fr. c.	fr. c.
29 »	49 15	48 85	4? 45	48 25	47 95	47 65	47 35	47 05	46 75	46 45
29 50	50 »	49 70	49 40	49 05	48 80	48 50	48 15	47 85	47 55	47 25
30 »	50 85	50 55	50 25	49 90	49 60	49 30	49 »	48 65	48 35	48 05
30 50	51 70	51 40	51 05	50 75	50 45	50 15	49 80	49 45	49 15	48 85
31 »	52 55	52 25	51 90	51 55	51 25	50 95	50 60	50 30	50 »	49 65
31 50	53 40	53 10	52 75	52 40	52 10	51 80	51 45	51 10	50 80	50 45
32 »	54 25	53 95	53 60	53 20	52 90	52 60	52 25	51 90	51 60	51 25
32 50	55 10	54 75	54 40	54 05	53 75	53 45	53 05	52 70	52 40	52 05
33 »	55 95	55 60	55 25	54 90	54 55	54 25	53 90	53 50	53 20	52 85
33 50	56 80	56 45	56 10	55 70	55 40	55 05	54 70	54 35	54 »	53 65
34 »	57 65	57 30	56 95	56 55	56 20	55 90	55 50	55 15	54 80	54 45
34 50	58 50	58 15	57 75	57 40	57 05	56 70	56 35	55 95	55 60	55 25
35 »	59 30	59 »	58 60	58 20	57 90	57 55	57 15	56 75	56 45	56 10
35 50	60 15	59 85	59 45	59 05	58 70	58 35	57 95	57 60	57 25	56 90
36 »	61 »	60 65	60 30	59 90	59 55	59 20	58 80	58 40	58 05	57 70
36 50	61 85	61 50	61 10	60 70	60 35	60 »	59 60	59 20	58 85	58 50
37 »	62 70	62 35	61 95	61 55	61 20	60 80	60 40	60 »	59 65	59 30
37 50	63 55	63 20	62 80	62 40	62 »	61 65	61 25	60 80	60 45	60 10
38 »	64 40	64 05	63 65	63 20	62 85	62 45	62 05	61 65	61 25	60 90
38 50	65 25	64 90	64 45	64 05	63 65	63 30	62 85	62 45	62 05	61 70
39 »	66 10	65 75	65 30	64 85	64 50	64 10	63 70	63 25	62 90	62 50
39 50	66 95	66 55	66 15	65 70	65 30	64 95	64 50	64 05	63 70	63 30
40 »	67 80	67 40	67 »	66 55	66 15	65 75	65 30	64 90	64 50	64 10
40 50	68 65	68 25	67 80	67 35	66 95	66 60	66 15	65 70	65 30	64 90
41 »	68 90	69 10	68 65	68 20	67 80	67 40	66 95	66 50	66 10	65 70
Différ.	0 85	0 85	0 85	0 85	0 85	0 80	0 80	0 80	0 80	0 80

D

PRIX PERPÉTUEL DES FARINES.

Prix de la quantité de blé employé pour en obtenir 125 k. de farines de toutes fleurs.

PRIX perpétuel des BLÉS par 100 k. brut.	Poids naturel de l'hect. de blé 80 k. rendement par % k.		Poids naturel de l'hect. de blé 81 k. rendement par % k.		Poids naturel de l'hect. de blé 82 k. rendement par % k.		Poids naturel de l'hect. de blé 83 k. rendement par % k.		Poids naturel de l'hect. de blé 84 k. rendement par %.	
	80 k. »»	80 k. 500	81 k. »»	81 k. 500	82 k. »»	82 k. 500	83 k. »»	83 k. 500	84 k. »»	84 k. 500
	Quantité de blé employé.		Quantité de blé employé.		Quantité de blé employé.		Quantité de blé employé.		Quantité de blé employé.	
	136 k.250	135 k.280	134 k.320	133 k.380	152 k.440	151 k.670	150 k.720	149 k.770	148 k.820	147 k.250
	Prix du blé employé pour en obtenir 125 k. de farine.	Prix du blé employé pour en obtenir 125 k. de farine.	Prix du blé employé pour en obtenir 125 k. de farine.	Prix du blé employé pour en obtenir 125 k. de farine.	Prix du blé employé pour en obtenir 125 k. de farine.	Prix du blé employé pour en obtenir 125 k. de farine.	Prix du blé employé pour en obtenir 125 k. de farine.	Prix du blé employé pour en obtenir 125 k. de farine.	Prix du blé employé pour en obtenir 125 k. de farine.	Prix du blé employé pour en obtenir 125 k. de farine.
fr. c.	fr. c.	fr. c.	fr. c.	fr. c.	fr. c.	fr. c.	fr. c.	fr. c.	fr. c.	fr. c.
16 »	25 45	25 30	25 10	25 »	24 80	24 65	24 45	24 30	24 15	24 »
16 50	26 25	26 10	25 90	25 80	25 55	25 40	25 20	25 05	24 90	24 75
17 »	27 05	26 90	26 90	26 55	26 35	26 20	26 »	25 80	25 65	25 50
17 50	27 85	27 65	27 45	27 35	27 10	26 95	26 75	26 60	26 40	26 25
18 »	28 65	28 45	28 25	28 10	27 90	27 75	27 50	27 35	27 15	27 »
18 50	29 45	29 25	29 05	28 90	28 65	28 50	28 25	28 10	27 90	27 75
19 »	30 25	30 05	29 80	29 70	29 45	29 25	29 05	28 85	28 65	28 50
19 50	31 »	30 85	30 60	30 45	30 20	30 05	29 80	29 60	29 45	29 25
20 »	31 80	31 60	31 40	31 25	31 »	30 80	30 55	30 40	30 20	30 »
20 50	32 60	32 40	32 15	32 »	31 75	31 55	31 35	31 15	30 95	30 75
21 »	33 40	33 20	32 95	32 80	32 55	32 35	32 10	31 90	31 70	31 50
21 50	34 20	34 »	33 75	33 60	33 30	33 10	32 85	32 65	32 45	32 25
22 »	35 »	34 80	34 55	34 35	34 10	33 90	33 65	33 40	33 20	33 »
22 50	35 80	35 55	35 30	35 15	34 85	34 65	34 40	34 20	33 95	33 70
23 »	36 60	36 35	36 10	35 90	35 65	35 40	35 15	34 95	34 70	34 45
23 50	37 40	37 15	36 90	36 70	36 40	36 20	35 90	35 70	35 45	35 20
24 »	38 20	37 95	37 70	37 50	37 20	36 95	36 70	36 45	36 20	35 95
24 50	39 »	38 75	38 45	38 25	37 95	37 70	37 45	37 20	36 95	36 70
25 »	39 80	39 50	39 25	39 05	38 75	38 50	38 20	38 »	37 70	37 45
25 50	40 55	40 30	40 05	39 80	39 50	39 25	39 »	38 75	38 50	38 20
26 »	41 35	41 10	40 85	40 60	40 30	40 05	39 75	39 50	39 25	38 95
26 50	42 15	41 90	41 60	41 40	41 05	40 80	40 50	40 25	40 »	39 70
27 »	42 95	42 70	42 40	42 15	41 85	41 55	41 30	41 »	40 75	40 45
27 50	43 75	43 45	43 20	42 95	42 60	42 35	42 05	41 80	41 50	41 20
28 »	44 55	44 25	43 95	43 70	43 40	43 10	42 80	42 55	42 25	41 95
28 50	45 35	45 05	44 75	44 50	44 15	43 85	43 55	43 30	43 »	42 70
Differ.	0 80	0 80	0 80	0 80	0 75	0 75	0 75	0 75	0 75	0 75

Prix de la quantité de blé employé pour en obtenir 125 k. de farines de toutes fleurs.

PRIX perpétuel des BLÉS par 100 k. brut.	Poids naturel de l'hect. de blé 80 k. rendement par %k.		Poids naturel de l'hect. de blé 81 k. rendement par %k.		Poids naturel de l'hect. de blé 82 k. rendement par %k.		Poids naturel de l'hect. de blé 83 k. rendement par %k.		Poids naturel de l'hect. de blé 84 k. rendement par %k.	
	80 k. »»	80 k. 500	81 k. »»	81 k. 500	82 k. »»	82 k. 500	83 k. »»	83 k. 500	84 k. »»	84 k. 500
	Quantité de blé employé.		Quantité de blé employé.		Quantité de blé employé.		Quantité de blé employé.		Quantité de blé employé.	
	156 k.250	155 k 280	154 k.320	153 k.380	152 k 440	151 k.670	150 k.720	149 k.770	148 k.820	147 k.250
	Prix du blé employé pour en obtenir 125 k. de farine.		Prix du blé employé pour en obtenir 125 k. de farine.		Prix du blé employé pour en obtenir 125 k. de farine.		Prix du blé employé pour en obtenir 125 k. de farine.		Prix du blé employé pour en obtenir 125 k. de farine.	
fr. c.	fr. c.	fr. c.	fr. c.	fr. c.	fr. c.	fr. c.	fr. c.	fr. c.	fr. c.	fr. c.
29 »	46 15	45 85	45 55	45 30	44 95	44 65	44 35	44 05	43 75	43 45
29 50	46 95	46 65	46 30	46 05	45 70	45 40	45 10	44 80	44 50	44 20
30 »	47 75	47 40	47 10	46 85	46 50	46 20	45 85	45 60	45 25	44 95
30 50	48 55	48 20	47 90	47 60	47 25	46 95	46 65	46 35	46 »	45 70
31 »	49 35	49 »	48 70	48 40	48 05	47 70	47 40	47 10	46 75	46 45
31 50	50 15	49 80	49 45	49 20	48 80	48 50	48 15	47 85	47 50	47 20
32 »	50 90	50 60	50 25	49 95	49 60	49 25	48 95	48 60	48 30	47 95
32 50	51 70	51 35	51 05	50 75	50 35	50 05	49 70	49 40	49 05	48 70
33 »	52 50	52 15	51 80	51 50	51 15	50 80	50 45	50 15	49 80	49 45
33 50	53 30	52 95	52 60	52 30	51 90	51 55	51 20	50 90	50 55	50 20
34 »	54 10	53 75	53 40	53 10	52 70	52 35	52 »	51 65	51 30	50 95
34 50	54 90	54 55	54 20	53 85	53 45	53 10	52 75	52 40	52 05	51 70
35 »	55 70	55 30	54 95	54 65	54 25	53 85	53 50	53 20	52 80	52 40
35 50	56 50	56 10	55 75	55 40	55 »	54 60	54 30	53 95	53 55	53 15
36 »	57 30	56 90	56 55	56 20	55 80	55 40	55 05	54 70	54 30	53 90
36 50	58 10	57 70	57 35	57 »	56 55	56 20	55 80	55 45	55 05	54 65
37 »	58 90	58 50	58 10	57 75	57 35	56 95	56 60	56 20	55 80	55 40
37 50	59 70	59 25	58 90	58 55	58 10	57 70	57 »	56 55	56 55	56 15
38 »	60 45	60 05	59 70	59 30	58 90	58 50	58 10	57 75	57 35	56 90
38 50	61 25	60 85	60 45	60 10	59 65	59 25	58 85	58 50	58 10	57 65
39 »	62 05	61 65	61 25	60 90	60 45	60 »	59 65	59 25	58 85	58 40
39 50	62 85	62 45	62 05	61 65	61 20	60 80	60 40	60 »	59 60	59 15
40 »	63 65	63 20	62 85	62 45	62 »	61 55	61 15	60 80	60 35	59 90
40 50	64 45	64 »	63 60	63 20	02 75	62 35	61 95	61 55	61 10	60 65
41 »	65 25	64 80	64 40	64 »	63 55	63 10	62 70	62 30	61 85	61 40
Différ.	0 80	0 80	0 80	0 80	0 75	0 75	0 75	0 75	0 75	0 75

PRIX PERPÉTUEL DES FARINES.

Prix de la quantité de blé employé pour en obtenir 159 k. de farines de toutes fleurs.

PRIX perpétuel des BLÉS par 100 k. brut.	Poids naturel de l'hect. de blé 70 k. rendement par % k.		Poids naturel de l'hect. de blé 71 k. rendement par % k.		Poids naturel de l'hect. de blé 72 k. rendement par % k.		Poids naturel de l'hect. de blé 73 k. rendement par % k.		Poids naturel de l'hect. de blé 74 k. rendement par % k.	
	70 k. »»	70 k. 500	71 k. »»	71 k. 500	72 k. »»	72 k. 500	73 k. »»	73 k. 500	74 k. »»	74 k. 500
	Quantité de blé employé. 227k.140	225k.540	223k.940	222k.390	220k.830	219k.320	217k.810	216k.340	214k.860	213k.430
	Prix du blé employé pour en obtenir 159 k. de farine.	Prix du blé employé pour en obtenir 159 k. de farine.	Prix du blé employé pour en obtenir 159 k. de farine.	Prix du blé employé pour en obtenir 159 k. de farine.	Prix du blé employé pour en obtenir 159 k. de farine.	Prix du blé employé pour en obtenir 159 k. de farine.	Prix du blé employé pour en obtenir 159 k. de farine.	Prix du blé employé pour en obtenir 159 k. de farine.	Prix du blé employé pour en obtenir 159 k. de farine.	Prix du blé employé pour en obtenir 159 k. de farine.
fr. c.	fr. c.	fr. c.	fr. c.	fr. c.	fr. c.	fr. c.	fr. c.	fr. c.	fr. c.	fr. c.
16 »	36 60	36 40	36 15	36 »	35 75	35 55	35 30	35 10	34 90	34 70
16 50	37 75	37 55	37 30	37 10	36 85	36 65	36 40	36 20	36 »	35 80
17 »	38 90	38 65	38 40	38 25	38 »	37 75	37 50	37 30	37 10	36 85
17 50	40 05	39 80	39 55	39 35	39 10	38 90	38 60	38 40	38 20	37 95
18 »	41 20	40 95	40 65	40 50	40 20	40 »	39 70	39 50	39 25	39 05
18 50	42 30	42 10	41 80	41 60	41 35	41 19	40 80	40 60	40 35	40 15
19 »	43 45	43 20	42 95	42 75	42 45	42 20	41 95	41 70	41 45	41 20
19 50	44 60	44 35	44 05	43 85	43 55	43 35	43 05	42 80	42 55	42 30
20 »	45 75	45 50	45 20	45 »	44 70	44 45	44 15	43 90	43 65	43 40
20 50	46 90	46 65	46 35	46 10	45 80	45 55	45 25	45 »	44 75	44 45
21 »	48 05	47 75	47 45	47 25	46 90	46 65	46 35	46 10	45 80	45 55
21 50	49 20	48 90	48 60	48 35	48 05	47 75	47 45	47 20	46 90	46 65
22 »	50 35	50 05	49 70	49 50	49 15	48 90	48 56	48 30	48 »	47 75
22 50	51 45	51 20	50 85	50 60	50 25	50 »	49 65	49 35	49 10	48 80
23 »	52 60	52 30	52 »	51 75	51 40	51 10	50 75	50 45	50 20	49 90
23 50	53 75	53 45	53 10	52 85	52 50	52 20	51 85	51 55	51 30	51 »
24 »	54 90	54 60	54 25	54 »	53 60	53 35	53 »	52 65	52 35	52 10
24 50	56 05	55 75	55 40	55 10	54 75	54 45	54 10	53 75	53 45	53 15
25 »	57 20	56 85	56 50	56 25	55 85	55 55	55 20	54 85	54 55	54 25
25 50	58 35	58 »	57 65	57 35	56 95	56 65	56 30	55 95	55 65	55 35
26 »	59 50	59 15	58 75	58 50	58 10	57 75	57 40	57 05	56 75	56 40
26 50	60 60	60 30	59 90	59 60	59 20	58 90	58 50	58 15	57 85	57 50
27 »	61 75	61 40	61 05	60 75	60 30	60 »	59 60	59 25	58 90	58 60
27 50	62 90	62 55	62 15	61 85	61 45	61 10	60 70	60 35	60 »	59 70
28 »	64 05	63 70	63 30	63 »	62 55	62 20	61 80	61 45	61 10	60 75
28 50	65 20	64 80	64 40	64 10	63 65	63 30	62 90	62 55	62 20	61 85
Différ.	1 15	1 15	1 15	1 10	1 10	1 10	1 10	1 10	1 10	1 10

Prix de la quantité de blé employé pour en obtenir 159 k. de farines de toutes fleurs.

PRIX perpétuel des BLÉS par 100 k. brut.	Poids naturel de l'hect. de blé 70 k. rendement par °/₀ k.		Poids naturel de l'hect. de blé 71 k. rendement par °/₀ k.		Poids naturel de l'hect. de blé 72 k. rendement par °/₀ k.		Poids naturel de l'hect. de blé 73 k. rendement par °/₀ k.		Poids naturel de l'hect. de blé 74 k. rendement par °/₀ k.	
	70 k. »»	70 k. 500	71 k. »»	71 k. 500	72 k. »»	72 k. 500	73 k. »»	73 k. 500	74 k. »»	74 k. 500
	Quantité de blé employé.		Quantité de blé employé.		Quantité de blé employé.		Quantité de blé employé.		Quantité de blé employé.	
	227 k.140	225 k.540	223 k.940	222 k.390	220 k.830	219 k.320	217 k.810	216 k.340	214 k.860	213 k.430
	Prix du blé employé pour en obtenir 159 k. de farine.	Prix du blé employé pour en obtenir 159 k. de farine.	Prix du blé employé pour en obtenir 159 k. de farine.	Prix du blé employé pour en obtenir 159 k. de farine.	Prix du blé employé pour en obtenir 159 k. de farine.	Prix du blé employé pour en obtenir 159 k. de farine.	Prix du blé employé pour en obtenir 159 k. de farine.	Prix du blé employé pour en obtenir 159 k. de farine.	Prix du blé employé pour en obtenir 159 k. de farine.	Prix du blé employé pour en obtenir 159 k. de farine.
fr. c.	fr. c.	fr. c.	fr. c.	fr. c.	fr. c.	fr. c.	fr. c.	fr. c.	fr. c.	fr. c.
29 »	66 35	65 95	65 55	65 20	64 80	64 45	64 05	63 65	63 30	62 95
29 50	67 50	67 10	66 70	66 35	65 90	65 55	65 15	64 75	64 40	64 »
30 »	68 65	68 25	67 80	67 45	67 05	66 65	66 25	65 85	65 50	65 10
30 50	69 80	69 35	68 95	68 60	68 15	67 75	67 35	66 95	66 55	66 20
31 »	70 90	70 50	70 10	69 70	69 25	68 90	68 45	68 05	67 65	67 30
31 50	72 05	71 65	71 20	70 85	70 40	70 »	69 55	69 15	68 75	68 35
32 »	73 20	72 80	72 35	71 95	71 50	71 10	70 65	70 25	69 85	69 45
32 50	74 35	73 90	73 45	73 10	72 60	72 20	71 75	71 35	70 95	70 55
33 »	75 50	75 05	74 60	74 20	73 75	73 30	72 85	72 45	72 05	71 60
33 50	76 65	76 20	75 75	75 35	74 85	74 45	73 95	73 55	73 10	72 70
34 »	77 80	77 35	76 85	76 45	75 95	75 55	75 10	74 65	74 20	73 80
34 50	78 95	78 45	78 »	77 60	77 10	76 65	76 20	75 80	75 30	74 90
35 »	80 05	79 60	79 15	78 70	78 20	77 75	77 30	76 80	76 40	75 95
35 50	81 20	80 75	80 25	79 85	79 30	78 90	78 40	77 90	77 50	77 05
36 »	82 35	81 90	81 40	80 95	80 45	80 »	79 50	79 »	78 60	78 15
36 50	83 50	83 »	82 50	82 10	81 55	81 10	80 60	80 10	79 65	79 25
37 »	84 65	84 15	83 65	83 20	82 65	82 20	81 70	81 20	80 75	80 30
37 50	85 80	85 30	84 80	84 35	83 80	83 30	82 80	82 30	81 85	81 40
38 »	86 95	86 45	85 90	85 45	84 90	84 45	83 90	83 40	82 95	82 50
38 50	88 10	87 55	87 05	86 60	86 »	85 55	85 »	84 50	84 05	83 55
39 »	89 20	88 70	88 20	87 70	87 15	86 65	86 15	85 60	85 15	84 65
39 50	90 35	89 85	89 30	88 85	88 25	87 75	87 25	86 70	86 20	85 75
40 »	91 50	91 »	90 45	89 95	89 35	88 90	88 35	87 80	87 30	86 85
40 50	92 65	92 10	91 55	91 10	90 50	90 »	89 45	88 90	88 40	87 90
41 »	93 80	93 25	92 70	92 20	91 60	91 10	90 55	90 »	89 50	89 »
Differ.	1 15	1 15	1 15	1 10	1 10	1 10	1 10	1 10	1 10	1 10

PRIX PERPÉTUEL DES FARINES.

Prix de la quantité de blé employé pour en obtenir 159 k. de farines de toutes fleurs.

PRIX perpétuel des BLÉS par 100 k. brut.	Poids naturel de l'hect. de blé 75 k. rendement par %. k.		Poids naturel de l'hect. de blé 76 k. rendement par %. k.		Poids naturel de l'hect. de blé 77 k. rendement par %. k.		Poids naturel de l'hect. de blé 78 k rendement par %. k.		Poids naturel de l'hect. de blé 79 k. rendement par %. k.	
	75 k. »»	75 k. 500	76 k. »»»	76 k. 500	77 k. »»»	77 k. 500	78 k. »»	78 k. 500	79 k. »»	79 k. 500
	Quantité de blé employé.		Quantité de blé employé.		Quantité de blé employé.		Quantité de blé employé.		Quantité de blé employé.	
	212 k. »»	210 k.600	209 k.210	207 k.850	206 k.500	205 k.170	203 k 850	202 k.560	201 k.670	200 k. »»
	Prix du blé employé pour en obtenir 159 k. de farine.		Prix du blé employé pour en obtenir 159 k. de farine.		Prix du blé employé pour en obtenir 159 k. de farine.		Prix du blé employé pour en obtenir 159 k. de farine.		Prix du blé employé pour en obtenir 159 k. de farine.	
fr. c.	fr. c.	fr. c.	fr. c.	fr. c.	fr. c.	fr. c.	fr. c.	fr. c.	fr. c.	fr. c.
16 »	34 30	34 30	34 10	33 85	33 65	33 40	33 25	33 »	32 80	32 60
16 50	35 60	35 35	35 15	34 90	34 70	34 45	34 30	34 05	33 85	33 60
17 »	36 65	36 45	36 25	35 95	35 75	35 50	35 35	35 05	34 85	34 65
17 50	37 75	37 50	37 30	37 05	36 80	36 55	36 35	36 10	35 90	35 65
18 »	38 80	38 60	38 25	38 10	37 85	37 60	37 40	37 15	36 90	36 70
18 50	39 90	39 65	39 40	39 15	38 90	38 65	38 45	38 15	37 95	37 70
19 »	40 95	40 75	40 50	40 20	39 95	39 70	39 50	39 20	38 95	38 70
19 50	42 05	41 80	41 55	41 25	41 »	40 75	40 50	40 25	40 »	39 75
20 »	43 10	42 90	42 60	42 30	42 05	41 80	41 55	41 25	41 »	40 75
20 50	44 20	43 95	43 70	43 40	43 15	42 90	42 60	42 30	42 05	41 80
21 »	45 30	45 »	44 75	44 45	44 20	43 85	43 65	43 35	43 05	42 80
21 50	46 35	46 10	45 80	45 50	45 25	44 90	44 70	44 35	44 10	43 80
22 »	47 45	47 15	46 90	46 55	46 30	45 95	45 70	45 40	45 10	44 85
22 50	48 50	48 25	47 95	47 60	47 35	47 »	46 75	46 45	46 15	45 85
23 »	49 60	49 30	49 »	48 70	48 40	48 05	47 80	47 45	47 20	46 90
23 50	50 65	50 40	50 05	49 75	49 45	49 10	48 85	48 50	48 20	47 90
24 »	51 75	51 45	51 15	50 80	50 50	50 15	49 85	49 55	49 25	48 90
24 50	52 85	52 50	52 20	51 85	51 55	51 20	50 90	50 55	50 25	49 95
25 »	53 90	53 60	53 25	52 90	52 60	52 25	51 95	51 60	51 30	50 95
25 50	55 »	54 65	54 35	53 95	53 65	53 30	53 »	52 65	52 30	52 »
26 »	56 05	55 75	55 40	55 05	54 70	54 35	54 05	53 65	53 35	53 »
26 50	57 15	56 80	56 45	56 10	55 75	55 40	55 05	54 70	54 35	54 »
27 »	58 20	57 90	57 55	57 15	56 80	56 45	56 10	55 75	55 40	55 05
27 50	59 30	58 95	58 60	58 20	57 85	57 50	57 15	56 75	56 40	56 05
28 »	60 35	60 05	59 65	59 25	58 90	58 55	58 20	57 80	57 45	57 10
28 50	61 45	61 10	60 70	60 30	59 95	59 55	59 20	58 80	58 45	58 10
Différ.	1 10	1 05	1 05	1 05	1 05	1 05	1 05	1 05	1 05	1 »

Prix de la quantité de blé employé pour en obtenir 159 k. de farines de toutes fleurs.

PRIX perpétuel des BLÉS par 100 k. brut.	Poids naturel de l'hect. de blé 75 k. rendement par º/₀ k.		Poids naturel de l'hect. de blé 76 k. rendement par º/₀ k.		Poids naturel de l'hect. de blé 77 k. rendement par º/₀ k.		Poids naturel de l'hect. de blé 78 k. rendement par º/₀ k.		Poids naturel de l'hect. de blé 79 k. rendement par º/₀ k.	
	75 k. »»	75 k. 500	76 k. »»	76 k. 500	77 k. »»	77 k. 500	78 k. »»	78 k. 500	79 k. »»	79 k. 500
Quantité de blé employé.	212 k. »»	210 k. 600	209 k. 210	207 k. 850	206 k. 500	205 k. 170	203 k. 850	202 k. 560	201 k. 670	200 k. »»
Prix du blé employé pour en obtenir 159 k. de farine.	fr. c.	fr. c.	fr. c.	fr. c.	fr. c.	fr. c.	fr. c.	fr. c.	fr. c.	fr. c.
fr. c.										
29 »	62 55	62 15	61 80	61 40	61 05	60 60	60 25	59 85	59 50	59 10
29 50	63 60	63 25	62 85	62 45	62 10	61 65	61 30	60 90	60 55	60 15
30 »	64 70	64 30	63 90	63 50	63 15	62 70	62 35	61 90	61 55	61 15
30 50	65 75	65 40	65 »	64 55	64 20	63 75	63 40	62 95	62 60	62 20
31 »	66 85	66 45	66 05	65 60	65 25	64 80	64 40	64 »	63 60	63 20
31 50	67 90	67 55	67 10	66 70	66 30	65 85	65 45	65 »	64 65	64 20
32 »	69 »	68 60	68 15	67 75	67 35	66 90	66 50	66 05	65 65	65 25
32 50	70 05	69 70	69 25	68 80	68 40	67 95	67 55	67 10	66 70	66 25
33 »	71 15	70 75	70 30	69 85	69 45	69 »	68 60	68 10	67 70	67 30
33 50	72 25	71 80	71 35	70 90	70 50	70 05	69 60	69 15	68 75	68 30
34 »	73 30	72 90	72 45	71 95	71 55	71 10	70 65	70 20	69 75	69 30
34 50	74 40	73 95	73 50	73 05	72 60	72 15	71 70	71 20	70 80	70 35
35 »	75 45	75 05	74 55	74 10	73 65	73 20	72 75	72 25	71 85	71 35
35 50	76 55	76 10	75 65	75 15	74 70	74 25	73 75	73 30	72 85	72 40
36 »	77 60	77 20	76 70	76 20	75 75	75 30	74 80	74 30	73 90	73 40
36 50	78 70	78 25	77 75	77 25	76 80	76 35	75 85	75 35	74 90	74 40
37 »	79 80	79 30	78 85	78 35	77 90	77 35	76 90	76 40	75 95	75 45
37 50	80 85	80 40	79 90	79 40	78 95	78 40	77 95	77 40	76 95	76 45
38 »	81 95	81 45	80 95	80 45	80 »	79 45	79 »	78 45	78 »	77 50
38 50	83 »	82 55	82 »	81 50	81 05	80 50	80 »	79 50	79 »	78 50
39 »	84 10	83 60	83 10	82 55	82 10	81 55	81 05	80 50	80 05	79 50
39 50	85 15	84 70	84 15	83 65	83 15	82 60	82 05	81 55	81 05	80 55
40 »	86 25	85 75	85 20	84 70	84 20	83 65	83 10	82 60	82 10	81 55
40 50	87 30	86 85	86 30	85 75	85 25	84 70	84 15	83 60	83 10	82 60
41 »	88 40	87 90	87 35	86 80	86 30	85 75	85 20	84 65	84 15	83 60
Différ.	1 10	1 05	1 05	1 05	1 05	1 05	1 05	1 05	1 05	1 »

PRIX PERPÉTUEL DES FARINES.

Prix de la quantité de blé employé pour en obtenir 159 k. de farines de toutes fleurs.

PRIX perpétuel des BLÉS par 100 k. brut.	Poids naturel de l'hect. de blé 80 k. rendement par % k.		Poids naturel de l'hect. de blé 81 k. rendement par % k.		Poids naturel de l'hect. de blé 82 k. rendement par % k.		Poids naturel de l'hect. de blé 83 k. rendement par % k.		Poids naturel de l'hect. de blé 84 k. rendement par % k.	
	80 k.»»	80 k.500	81 k.»»	81 k.500	82 k.»»	82 k.500	83 k.»»	83 k.500	84 k.»»	84 k.500
	Quantité de blé employé. 198k.750	197k.520	196k.300	195k.110	193k.900	192k.870	191k.750	190k.020	189k.500	188k.370
	Prix du blé employé pour en obtenir 159 k. de farine.	Prix du blé employé pour en obtenir 159 k. de farine.	Prix du blé employé pour en obtenir 159 k. de farine.	Prix du blé employé pour en obtenir 159 k. de farine.	Prix du blé employé pour en obtenir 159 k. de farine.	Prix du blé employé pour en obtenir 159 k. de farine.	Prix du blé employé pour en obtenir 159 k. de farine.	Prix du blé employé pour en obtenir 159 k. de farine.	Prix du blé employé pour en obtenir 159 k. de farine.	Prix du blé employé pour en obtenir 159 k. de farine.
fr. c.	fr. c.	fr. c.	fr. c.	fr. c.	fr. c.	fr. c.	fr. c.	fr. c.	fr. c.	fr. c.
16 »	32 40	32 20	32 »	31 80	31 60	31 35	31 15	30 90	30 70	30 50
16 50	33 40	33 20	33 »	32 80	32 60	32 35	32 10	31 85	31 65	31 45
17 »	34 45	34 20	34 »	33 80	33 55	33 30	33 10	32 85	32 60	32 40
17 50	35 45	35 20	35 »	34 80	34 55	34 30	34 05	33 80	33 60	33 35
18 »	36 45	36 20	36 »	35 75	35 55	35 25	35 05	34 75	34 55	34 30
18 50	37 45	37 25	37 »	36 75	36 55	36 25	36 »	35 75	35 50	35 25
19 »	38 50	38 25	38 »	37 75	37 50	37 25	37 »	36 70	36 45	36 25
19 50	39 50	39 25	39 »	38 75	38 50	38 20	37 95	37 70	37 45	37 20
20 »	40 50	40 25	40 »	39 75	39 50	39 20	38 95	38 65	38 40	38 15
20 50	41 55	41 25	41 »	40 75	40 45	40 20	39 90	39 60	39 35	39 10
21 »	42 55	42 25	42 »	41 75	41 45	41 15	40 90	40 60	40 30	40 05
21 50	43 55	43 25	43 »	42 70	42 45	42 15	41 85	41 55	41 25	41 »
22 »	44 55	44 25	44 »	43 70	43 45	43 10	42 85	42 50	42 25	41 95
22 50	45 60	45 30	45 »	44 70	44 40	44 10	43 80	43 50	43 20	42 90
23 »	46 60	46 30	46 »	45 70	45 40	45 10	44 80	44 45	44 15	43 85
23 50	47 60	47 30	47 »	46 70	46 40	46 05	45 75	45 40	45 10	44 80
24 »	48 60	48 30	48 »	47 70	47 40	47 05	46 75	46 40	46 10	45 80
24 50	49 65	49 30	49 »	48 70	48 35	48 05	47 70	47 35	47 05	46 75
25 »	50 65	50 30	50 »	49 65	49 35	49 »	48 30	48 »	48 »	46 70
25 50	51 65	51 30	51 »	50 65	50 35	50 »	49 65	49 30	48 95	48 65
26 »	52 70	52 30	52 »	51 65	51 30	50 95	50 65	50 25	49 90	49 60
26 50	53 70	53 35	53 »	52 65	52 30	51 95	51 60	51 25	50 90	50 55
27 »	54 70	54 35	54 »	53 65	53 30	52 95	52 60	51 85	51 50	51 50
27 50	55 70	55 35	55 »	54 65	54 30	53 90	53 55	53 15	52 80	52 45
28 »	56 75	56 35	56 »	55 65	55 25	54 90	54 55	54 15	53 75	53 40
28 50	57 75	57 35	57 »	56 60	56 25	55 85	55 50	55 10	54 70	54 35
Differ.	1 »	1 »	1 »	1 »	1 »	1 »	0 95	0 95	0 95	0 95

Prix de la quantité de blé employé pour en obtenir 159 k. de farines de toutes fleurs.

PRIX perpétuel des BLÉS par 100 k. brut.	Poids naturel de l'hect. de blé 80 k. rendement par % k.		Poids naturel de l'hect. de blé 81 k. rendement par % k.		Poids naturel de l'hect. de blé 82 k. rendement par % k.		Poids naturel de l'hect. de blé 83 k. rendement par % k.		Poids naturel de l'hect. de blé 84 k. rendement par % k.	
	80 k. »»	80 k. 500	81 k. »»	81 k. 500	82 k. »»	82 k. 500	83 k. »»»	83 k. 500	84 k. »»	84 k. 500
	Quantité de blé employé.		Quantité de blé employé.		Quantité de blé employé.		Quantité de blé employé.		Quantité de blé employé.	
	198 k. 750	197 k. 520	196 k. 300	195 k. 110	193 k. 900	192 k. 870	191 k. 750	190 k. 620	189 k. 500	188 k. 370
	Prix du blé employé pour en obtenir 159 k. de farine.	Prix du blé employé pour en obtenir 159 k. de farine.	Prix du blé employé pour en obtenir 159 k. de farine.	Prix du blé employé pour en obtenir 159 k. de farine.	Prix du blé employé pour en obtenir 159 k. de farine.	Prix du blé employé pour en obtenir 159 k. de farine.	Prix du blé employé pour en obtenir 159 k. de farine.	Prix du blé employé pour en obtenir 159 k. de farine.	Prix du blé employé pour en obtenir 159 k. de farine.	Prix du blé employé pour en obtenir 159 k. de farine.
fr. c.	fr. c.	fr. c.	fr. c.	fr. c.	fr. c.	fr. c.	fr. c.	fr. c.	fr. c.	fr. c.
29 »	58 75	58 35	58 »	57 60	57 25	56 85	56 45	56 05	55 70	55 35
29 50	59 80	59 35	59 »	58 60	58 20	57 85	57 45	57 05	56 05	56 30
30 »	60 80	60 35	60 »	59 60	59 20	58 80	58 40	58 »	57 60	57 25
30 50	61 80	61 35	61 »	60 60	60 20	59 80	59 40	58 95	58 55	58 20
31 »	62 80	62 40	62 »	61 60	61 20	60 80	60 35	59 95	59 55	59 15
31 50	63 85	63 40	63 »	62 60	62 15	61 75	61 35	60 90	60 50	60 10
32 »	64 85	64 40	64 »	63 60	63 15	62 75	62 30	61 90	61 45	61 05
32 50	65 85	65 40	65 »	64 55	64 15	63 70	63 30	62 85	62 40	62 »
33 »	66 90	66 40	66 »	65 55	65 10	64 70	64 25	63 80	63 35	62 95
33 50	67 90	67 40	67 »	66 55	66 10	65 70	65 35	64 80	64 35	63 90
34 »	68 90	68 40	68 »	67 55	67 10	66 65	66 20	65 75	65 30	64 90
34 50	69 90	69 40	69 »	68 55	68 10	67 65	67 20	66 70	66 25	65 85
35 »	70 95	70 45	70 »	69 55	69 05	68 65	68 15	67 70	67 20	66 80
35 50	71 95	71 45	71 »	70 55	70 05	69 60	69 15	68 65	68 20	67 75
36 »	72 95	72 45	72 »	71 50	71 05	70 60	70 10	69 60	69 15	68 70
36 50	73 95	73 45	73 »	72 50	72 05	71 55	71 10	70 60	70 10	69 65
37 »	75 »	74 45	74 »	73 50	73 »	72 55	72 05	71 55	71 05	70 71
37 50	76 »	75 45	75 »	74 50	74 »	73 55	73 05	72 50	72 »	71 55
38 »	77 »	76 45	76 »	75 50	75 »	74 50	74 »	73 50	73 »	72 50
38 50	78 05	77 45	77 »	76 50	75 95	75 50	75 »	74 45	73 95	73 45
39 »	79 05	78 50	78 »	77 50	76 95	76 50	76 »	75 45	74 90	74 45
39 50	80 05	79 50	79 »	78 45	77 95	77 45	76 95	76 40	75 85	75 40
40 »	81 05	80 50	80 »	79 45	78 95	78 45	77 90	77 35	76 85	76 35
40 50	82 10	81 50	81 »	80 45	79 90	79 40	78 90	78 35	77 80	77 30
41 »	83 10	82 50	82 »	81 45	80 90	80 40	79 85	79 30	78 75	78 25
Différ.	1 »	1 »	1 »	1 »	1 »	1 »	0 95	0 95	0 95	0 95

E

PRIX PERPÉTUEL DES FARINES.

Prix des 100 k. de toutes farines en laissant les sons au meunier pour moutures, et sacs compris pour 1 fr. 50 c.

PRIX perpétuel des BLÉS par 100 k. brut.	Poids naturel de l'hect. de blé 70 k. rendement par %k.		Poids naturel de l'hect. de blé 71 k. rendement par %k.		Poids naturel de l'hect. de blé 72 k. rendement par %k.		Poids naturel de l'hect. de blé 73 k rendement par %k.		Poids naturel de l'hect. de blé 74 k. rendement par %k.	
	70 k. »»»	70 k. 500	71 k. »»»	71 k. 500	72 k. »»	72 k. 500	73 k. »»»	73 k. 500	74 k. »»»	74 k. 500
	Prix des 100 k. de farines rondes prix de moutures et sacs compris.	Prix des 100 k. de toutes farines prix de moutures et sacs compris.	Prix des 100 k. de toutes farines prix de moutures et sacs compris.	Prix des 100 k. de toutes farines prix de moutures et sacs compris.	Prix des 100 k. de toutes farines prix de moutures et sacs compris.	Prix des 100 k. de toutes farines prix de moutures et sacs compris.	Prix des 100 k. de toutes farines prix de moutures et sacs compris.	Prix des 100 k. de toutes farines prix de moutures et sacs compris.	Prix des 100 k. de toutes farines prix de moutures et sacs compris.	Prix des 100 k. de toutes farines prix de moutures et sacs compris.
fr. c.	fr. c.	fr. c.	fr. c.	fr c.	fr c.	fr. c	fr. c.	fr. c.	fr. c.	fr. c.
16 »	24 30	24 20	24 10	23 80	23 60	23 40	23 30	23 20	23 10	22 90
16 50	25 »	24 90	24 80	24 50	24 30	24 10	24 »	23 90	23 80	23 60
17 »	25 75	25 65	25 50	25 20	25 »	24 80	24 70	24 60	24 50	24 25
17 50	26 45	26 35	26 25	25 95	25 70	25 50	25 40	25 30	25 15	24 95
18 »	27 15	27 05	26 95	26 65	26 45	26 20	26 10	26 »	25 85	25 65
18 50	27 90	27 75	27 65	27 35	27 15	26 90	26 80	26 65	26 55	26 30
19 »	28 60	28 50	28 35	28 05	27 85	27 60	27 50	27 35	27 25	27 »
19 50	29 30	29 20	29 10	28 80	28 55	28 35	28 20	28 05	27 90	27 70
20 »	30 »	29 90	29 80	29 50	29 25	29 05	28 90	28 75	28 60	28 35
20 50	30 75	30 65	30 50	30 20	29 95	29 75	29 60	29 45	29 30	29 05
21 »	31 45	31 35	31 20	30 90	30 70	30 45	30 30	30 15	30 »	29 75
21 50	32 20	32 05	31 95	31 65	31 40	31 15	31 »	30 85	30 65	30 40
22 »	32 90	32 75	32 65	32 35	32 10	31 85	31 70	31 55	31 35	31 10
22 50	33 60	33 50	33 35	33 05	32 80	32 55	32 35	32 20	32 05	31 80
23 »	34 30	34 20	34 05	33 75	33 50	33 25	33 05	32 90	32 75	32 50
23 50	35 05	34 90	34 80	34 50	34 20	33 95	33 75	33 60	33 40	33 15
24 »	35 75	35 60	35 50	35 20	34 95	34 65	34 45	34 30	34 10	33 85
24 50	36 45	36 35	36 20	35 90	35 65	35 35	35 »	34 80	34 55	34 55
25 »	37 20	37 05	36 90	36 60	36 35	36 05	35 85	35 70	35 50	35 20
25 50	37 90	37 75	37 65	37 35	37 05	36 80	36 55	36 40	36 15	35 90
26 »	38 60	38 50	38 35	38 05	37 75	37 50	37 25	37 10	36 85	36 60
26 50	39 35	39 20	39 05	38 75	38 45	38 15	37 95	37 75	37 55	37 25
27 »	40 05	39 90	39 75	39 45	39 20	38 90	38 65	38 45	38 25	37 95
27 50	40 75	40 60	40 50	40 20	39 90	39 60	39 35	39 15	38 90	38 65
28 »	41 50	41 35	41 20	40 90	40 60	40 30	40 05	39 85	39 60	39 30
28 50	42 20	42 05	41 90	41 60	41 30	41 »	40 75	40 55	40 30	40 »
Différ.	0 70	0 70	0 70	0 70	0 70	0 70	0 70	0 70	0 70	0 70

Prix des 100 k. de toutes farines en laissant les sons au meunier pour moutures, et sacs compris pour 1 fr. 50 c.

PRIX perpétuel des BLÉS par 100 k. brut.	Poids naturel de l'hect. de blé 70 k. rendement par %k.		Poids naturel de l'hect. de blé 71 k. rendement par %k.		Poids naturel de l'hect. de blé 72 k. rendement par %k.		Poids naturel de l'hect. de blé 73 k. rendement par %k.		Poids naturel do l'hect. de blé 74 k. rendement par %k.	
	70 k. »»»	70 k. 500	71 k. »»	71 k. 500	72 k. »»	72 k. 500	73 k. »»»	73 k. 500	74 k. »»»	74 k. 500
	Prix des 100 k. de farines rondes prix de moutures et sacs compris.	Prix des 100 k. de toutes farines prix de moutures et sacs compris.	Prix des 100 k. de toutes farines prix de moutures et sacs compris.	Prix des 100 k. de toutes farines prix de moutures et sacs compris.	Prix des 100 k. de toutes farines prix de moutures et sacs compris.	Prix des 100 k. de toutes farines prix de moutures et sacs compris.	Prix des 100 k. de toutes farines prix de moutures et sacs compris.	Prix des 100 k. de toutes farines prix de moutures et sacs compris.	Prix des 100 k. de toutes farines prix de moutures et sacs compris.	Prix des 100 k. de toutes farines prix de moutures et sacs compris.
fr. c.	fr. c.	fr. c.	fr. c.	fr. c.	fr. c.	fr. c.	fr. c.	fr. c.	fr. c.	fr. c.
29 »	42 90	42 75	42 60	42 30	42 »	41 70	41 45	41 25	41 »	40 70
29 50	43 65	43 50	43 30	43 »	42 70	42 40	42 15	41 95	41 70	41 35
30 »	44 35	44 20	44 05	43 75	43 40	43 10	42 85	42 65	42 35	42 05
30 50	45 05	44 90	44 75	44 45	44 15	43 80	43 55	43 35	43 05	42 75
31 »	45 80	45 60	45 45	45 15	44 85	44 50	44 25	44 »	43 75	43 40
31 50	46 50	46 35	46 15	45 85	45 55	45 20	44 95	44 70	44 45	44 10
32 »	47 20	47 05	46 90	46 60	46 25	45 95	45 65	45 40	45 10	44 80
32 50	47 95	47 75	47 60	47 30	46 95	46 65	46 35	46 10	45 80	45 45
33 »	48 65	48 50	48 30	48 »	47 65	47 35	47 05	46 80	46 50	46 15
33 50	49 35	49 20	49 »	48 70	48 40	48 05	47 75	47 50	47 20	46 85
34 »	50 10	49 90	49 75	49 45	49 20	48 75	48 45	48 20	47 85	47 50
34 50	50 80	50 60	50 45	50 15	49 80	49 45	49 15	48 90	48 55	48 20
35 »	51 50	51 35	51 15	50 85	50 50	50 15	49 80	49 55	49 25	48 90
35 50	52 20	52 05	51 85	51 55	51 20	50 85	50 50	50 25	49 95	49 60
36 »	52 95	52 75	52 60	52 30	51 90	51 55	51 20	50 95	50 60	50 25
36 50	53 65	53 45	53 30	53 »	52 65	52 25	51 90	51 65	51 30	50 95
37 »	54 35	54 20	54 »	53 70	53 35	52 95	52 60	52 35	52 »	51 65
37 50	55 10	54 90	54 70	54 40	54 05	53 65	53 30	53 05	52 70	52 30
38 »	55 80	55 60	55 45	55 15	54 75	54 40	54 »	53 75	53 »	53 »
38 50	56 50	56 35	56 15	55 85	55 45	55 10	54 70	54 45	54 05	53 70
39 »	57 25	57 05	56 85	56 55	56 15	55 80	55 40	55 10	54 75	54 35
39 50	57 95	57 75	57 55	57 25	56 90	56 50	56 10	55 80	55 45	55 05
40 »	58 65	58 45	58 30	58 »	57 60	57 20	56 80	56 50	56 10	55 75
40 50	59 40	59 20	59 »	58 70	58 30	57 90	57 50	57 20	56 80	56 40
41 »	60 10	59 90	59 70	59 40	59 »	58 60	58 20	57 90	57 50	57 10
Différ.	0 70	0 70	0 70	0 70	0 70	0 70	0 70	0 70	0 70	0 70

PRIX PERPÉTUEL DES FARINES.

Prix de revient des 100 k. de farines rondes en laissant les sons au meunier pour moutures, et sacs compris pour 1 fr. 50 c.

Chaque groupe de deux colonnes correspond au poids naturel de l'hect. de blé, rendement par °/₀ k. : la première colonne « »» », la seconde « 500 ». Les valeurs indiquées sont le *Prix des 100 k. de toutes farines, prix de moutures et sacs compris.*

PRIX perpétuel des BLÉS par 100 k. brut.	Poids nat. 75 k. »»	75 k. 500	Poids nat. 76 k. »»	76 k. 500	Poids nat. 77 k. »»	77 k. 500	Poids nat. 78 k. »»	78 k. 500	Poids nat. 79 k. »»	79 k. 500
fr. c.	fr. c.	fr. c.	fr. c.	fr. c.	fr. c.	fr. c.	fr. c.	fr. c.	fr. c.	fr. c.
16 »	22 80	22 60	22 50	22 40	22 30	22 10	22 »	21 80	21 70	21 50
16 50	23 50	23 30	23 15	23 05	22 95	22 75	22 65	22 45	22 »	22 15
17 »	24 15	23 95	23 85	23 75	23 60	23 40	23 30	23 10	23 »	22 80
17 50	24 85	24 65	24 50	24 40	24 25	24 05	23 95	23 75	23 60	23 40
18 »	25 50	25 30	25 20	25 05	24 95	24 70	24 60	24 40	24 25	24 05
18 50	26 20	26 »	25 85	25 70	25 60	25 35	25 25	25 05	24 90	24 70
19 »	26 85	26 65	26 50	26 40	26 25	26 »	25 90	25 70	25 55	25 40
19 50	27 55	27 35	27 20	27 05	26 90	26 70	26 55	26 30	26 20	25 95
20 »	28 20	28 »	27 85	27 70	27 55	27 35	27 20	26 95	26 80	26 60
20 50	28 90	28 70	28 55	28 40	28 20	28 »	27 85	27 60	27 45	27 25
21 »	29 60	29 35	29 20	29 05	28 90	28 65	28 50	28 25	28 10	27 90
21 50	30 25	30 05	29 85	29 70	29 55	29 30	29 15	28 90	28 75	28 50
22 »	30 95	30 70	30 55	30 35	30 15	29 95	29 80	29 55	29 40	29 15
22 50	31 60	31 40	31 20	31 05	30 85	30 60	30 45	30 20	30 »	29 80
23 »	32 30	32 05	31 90	31 70	31 50	31 25	31 10	30 85	30 65	30 45
23 50	32 95	32 75	32 55	32 35	32 15	31 90	31 75	31 50	31 30	31 05
24 »	33 65	33 40	33 20	33 »	32 85	32 55	32 40	32 15	31 95	31 70
24 50	34 35	34 10	33 90	33 70	33 50	33 20	33 05	32 80	32 60	32 35
25 »	35 »	34 75	34 55	34 35	34 15	33 85	33 70	33 45	33 20	33 »
25 50	35 70	35 45	35 25	35 »	34 80	34 55	34 35	34 05	33 85	33 60
26 »	36 35	36 10	35 90	35 70	35 45	35 20	35 »	34 70	34 50	34 25
26 50	37 05	36 80	36 55	36 35	36 15	35 85	35 65	35 35	35 15	34 90
27 »	37 70	37 45	37 25	37 »	36 80	36 50	36 30	36 »	35 80	35 55
27 50	38 40	38 15	37 90	37 65	37 45	37 15	36 95	36 65	36 40	36 15
28 »	39 05	38 80	38 60	38 35	38 10	37 80	37 60	37 30	37 05	36 80
28 50	39 75	39 50	39 25	39 »	38 75	38 45	38 25	37 95	37 70	37 45
Différ.	0 70	0 70	0 65	0 65	0 65	0 65	0 65	0 65	0 65	0 65

Prix de revient des 100 k. de farines rondes en laissant les sons au meûnier pour moutures, et sacs compris pour 1 fr. 50 c.

PRIX perpétuel des BLÉS par 100 k. brut.	Poids naturel de l'hect. de blé 75 k. rendement par °/₀ k. 75 k.»»	75 k. 500	Poids naturel de l'hect. de blé 76 k. rendement par °/₀ k. 76 k.»»	76 k. 500	Poids naturel de l'hect. de blé 77 k. rendement par °/₀ k. 77 k.»»	77 k. 500	Poids naturel de l'hect. de blé 78 k. rendement par °/₀ k. 78 k.»»	78 k. 500	Poids naturel de l'hect. de blé 79 k. rendement par °/₀ k. 79 k.»»	79 k. 500
	Prix des 100 k. de toutes farines prix de moutures et sacs compris.	Prix des 100 k. de toutes farines prix de moutures et sacs compris.	Prix des 100 k. de toutes farines prix de moutures et sacs compris.	Prix des 100 k. de toutes farines prix de moutures et sacs compris.	Prix des 100 k. de toutes farines prix de moutures et sacs compris.	Prix des 100 k. de toutes farines prix de moutures et sacs compris.	Prix des 100 k. de toutes farines prix de moutures et sacs compris.	Prix des 100 k. de toutes farines prix de moutures et sacs compris.	Prix des 100 k. de toutes farines prix de moutures et sacs compris.	Prix des 100 k. de toutes farines prix de moutures et sacs compris.
fr. c.	fr. c.	fr. c.	fr. c.	fr. c.	fr. c.	fr. c.	fr. c.	fr. c.	fr. c.	fr. c.
29 »	40 45	40 20	39 90	39 65	39 40	39 10	38 90	38 60	38 35	38 10
29 50	41 10	40 85	40 60	40 35	40 05	39 75	39 55	39 25	39 »	38 75
30 »	41 80	41 55	41 25	41 »	40 70	40 40	40 20	39 90	39 60	39 35
30 50	42 45	42 20	41 95	41 65	41 40	41 05	40 85	40 55	40 25	40 »
31 »	43 15	42 90	42 60	42 30	42 05	41 70	41 50	41 20	40 90	40 65
31 50	43 80	43 55	43 25	43 »	42 70	42 35	42 15	41 85	41 55	41 30
32 »	44 50	44 25	43 95	43 65	43 35	43 05	42 80	42 45	42 20	41 90
32 50	45 15	44 90	44 60	44 30	44 »	43 70	43 45	43 10	42 80	42 55
33 »	45 85	45 60	45 30	45 »	44 65	44 35	44 10	43 75	43 45	43 20
33 50	46 55	46 25	45 95	45 65	45 35	45 »	44 75	44 40	44 10	43 85
34 »	47 20	46 95	46 60	46 30	46 »	45 65	45 40	45 05	44 75	44 45
34 50	47 90	47 60	47 30	46 95	46 65	46 30	46 05	45 70	45 40	45 10
35 »	48 55	48 30	47 95	47 65	47 30	46 95	46 70	46 35	46 »	45 75
35 50	49 25	48 95	48 65	48 30	48 »	47 60	47 35	47 »	46 65	46 40
36 »	49 90	49 65	49 30	48 95	48 60	48 25	48 »	47 65	47 30	47 »
36 50	50 60	50 30	49 95	49 60	49 30	48 90	48 65	48 30	47 95	47 65
37 »	51 30	51 »	50 65	50 30	49 95	49 55	49 30	48 95	48 60	48 30
37 50	51 95	51 65	51 30	50 95	50 60	50 20	49 95	49 60	49 20	48 95
38 »	52 65	52 35	52 »	51 60	51 25	50 90	50 60	50 20	49 85	49 55
38 50	53 30	53 »	52 65	52 30	51 90	51 55	51 25	50 85	50 50	50 20
39 »	54 »	53 70	53 30	52 95	52 55	52 20	51 90	51 50	51 15	50 85
39 50	54 65	54 35	54 »	53 60	53 25	52 85	52 55	52 15	51 80	51 50
40 »	55 35	55 05	54 65	54 25	53 90	53 50	53 20	52 80	52 40	52 10
40 50	56 »	55 70	55 35	54 95	54 55	54 15	53 85	53 45	53 05	52 75
41 »	56 70	56 40	56 »	55 60	55 20	54 80	54 50	54 10	53 70	53 40
Differ.	0 70	0 70	0 65	0 65	0 65	0 65	0 65	0 65	0 65	0 65

PRIX PERPÉTUEL DES FARINES.

Prix de revient des 100 k. de farines rondes en laissant les sons au meunier pour moutures, et sacs compris pour 1 fr. 50 c.

PRIX perpétuel des BLÉS par 100 k. brut.	Poids naturel de l'hect. de blé 80 k. rendement par °/o k.		Poids naturel de l'hect. de blé 81 k. rendement par °/o k.		Poids naturel de l'hect. de blé 82 k. rendement par °/o k.		Poids naturel de l'hect. de blé 83 k. rendement par °/o k.		Poids naturel de l'hect. de blé 84 k. rendement par °/o.	
	80 k. »»	80 k. 500	81 k. »»	81 k. 500	82 k. »»	82 k. 500	83 k. »»	83 k. 500	84 k. »»	84 k. 500
	Prix des 100 k. de toutes farines prix de de moutures et sacs compris.	Prix des 100 k. de toutes farines prix de de moutures et sacs compris.	Prix des 100 k. de toutes farines prix de de moutures et sacs compris.	Prix des 100 k. de toutes farines prix de de moutures et sacs compris.	Prix des 100 k. de toutes farines prix de de moutures et sacs compris.	Prix des 100 k. de toutes farines prix de de moutures et sacs compris.	Prix des 100 k. de toutes farines prix de de moutures et sacs compris.	Prix des 100 k. de toutes farines prix de de moutures et sacs compris.	Prix des 100 k. de toutes farines prix de de moutures et sacs compris.	Prix des 100 k. de toutes farines prix de de moutures et sacs compris.
fr. c.	fr. c.	fr. c.	fr. c.	fr. c.	fr. c.	fr. c.	fr. c.	fr. c.	fr. c.	fr. c.
16 »	21 40	21 30	21 20	21 10	20 90	20 80	20 70	20 60	20 40	20 20
16 50	22 05	21 95	21 80	21 70	21 50	21 40	21 30	21 20	21 »	20 80
17 »	22 65	22 55	22 45	22 35	22 10	22 »	21 90	21 80	21 60	21 40
17 50	23 30	23 20	23 05	22 95	22 75	22 60	22 50	22 40	22 20	21 95
18 »	23 95	23 80	23 70	23 55	23 35	23 20	23 10	23 »	22 75	22 55
18 50	24 55	24 45	24 30	24 20	23 95	23 85	23 70	23 55	23 35	23 15
19 »	25 20	25 05	24 90	24 80	24 55	24 45	24 30	24 15	23 95	23 75
19 50	25 80	25 70	25 55	25 40	25 20	25 05	24 90	24 75	24 55	24 30
20 »	26 45	26 30	26 15	26 05	25 80	25 65	25 50	25 35	25 15	24 90
20 50	27 10	26 95	26 95	26 65	26 40	26 25	26 10	25 95	25 75	25 50
21 »	27 70	27 55	27 40	27 25	27 »	26 85	26 70	26 55	26 30	26 10
21 50	28 35	28 20	28 »	27 90	27 65	27 45	27 30	27 15	26 90	26 65
22 »	29 »	28 80	28 65	28 50	28 25	28 05	27 90	27 75	27 50	27 25
22 50	29 60	29 45	29 25	29 10	28 85	28 70	28 50	28 30	27 85	27 85
23 »	30 25	30 05	29 90	29 70	29 45	29 30	29 10	28 90	28 70	28 45
23 50	30 90	30 70	30 50	30 35	30 10	29 90	29 70	29 50	29 30	29 »
24 »	31 50	31 30	31 10	30 95	30 70	30 50	30 30	30 10	29 85	29 60
24 50	32 15	31 95	31 75	31 55	31 30	31 10	30 90	30 70	30 45	30 20
25 »	32 80	32 55	32 35	32 20	31 90	31 70	31 50	31 30	31 05	30 80
25 50	33 40	33 20	33 »	32 80	32 55	32 30	32 10	31 90	31 65	31 35
26 »	34 05	33 80	33 60	33 40	33 15	32 90	32 70	32 50	32 25	31 95
26 50	34 65	34 45	34 20	34 05	33 75	33 55	33 30	33 05	32 85	32 55
27 »	35 30	35 30	34 85	34 65	34 35	34 15	33 90	33 65	33 40	33 15
27 50	35 95	35 70	35 45	35 25	35 »	34 75	34 50	34 25	34 »	33 70
28 »	36 55	36 30	36 10	35 90	35 60	35 35	35 10	34 85	34 60	34 30
28 50	37 20	36 95	36 70	36 50	36 20	35 95	35 70	35 45	35 20	34 90
Différ.	0 65	0 65	0 60	0 60	0 60	0 60	0 60	0 60	0 60	0 60

Prix de revient des 100 k. de farines rondes en laissant les sons au meunier pour moutures, et sacs compris pour 1 fr. 50 c.

PRIX perpétuel des BLÉS par 100 k. brut.	Poids naturel de l'hect. de blé 80 k. rendement par % k.		Poids naturel de l'hect. de blé 81 k rendement par % k.		Poids naturel de l'hect. de blé 82 k. rendement par % k.		Poids naturel de l'hect. de blé 83 k. rendement par % k.		Poids naturel de l'hect. de blé 84 k. rendement par % k.	
	80 k. »»	80 k. 500	81 k. »»	81 k. 500	82 k. »»	82 k. 500	83 k. »»	83 k. 500	84 k. »»	84 k. 500
fr. c.	fr. c.	fr. c.	fr. c.	fr. c.	fr. c.	fr. c.	fr. c.	fr. c.	fr. c.	fr. c.
29 »	37 85	37 60	37 30	37 10	36 80	36 55	36 30	36 05	35 80	35 50
29 50	38 45	38 20	37 95	37 75	37 40	37 15	36 90	36 65	36 40	36 10
30 »	39 10	38 85	38 55	38 35	38 05	37 75	37 50	37 25	37 »	36 65
30 50	39 75	39 45	39 20	38 95	38 65	38 35	38 10	37 85	37 55	37 25
31 »	40 35	40 10	39 80	39 60	39 25	39 »	38 70	38 40	38 15	37 85
31 50	41 »	40 70	40 40	40 20	39 85	39 60	39 30	39 »	38 75	38 45
32 »	41 60	41 35	41 05	40 80	40 50	40 20	39 90	39 60	39 35	39 »
32 50	42 25	41 95	41 65	41 40	41 10	40 80	40 50	40 20	39 95	39 60
33 »	42 90	42 60	42 30	42 05	41 70	41 40	41 10	40 80	40 55	40 20
33 50	43 50	43 20	42 90	42 65	42 30	42 »	41 70	41 40	41 10	40 80
34 »	44 15	43 85	43 50	43 30	42 95	42 60	42 30	42 »	41 70	41 35
34 50	44 80	44 45	44 15	43 90	43 55	43 20	42 90	42 60	42 30	41 95
35 »	45 40	45 10	44 75	44 50	44 15	43 85	43 50	43 15	42 90	42 55
35 50	46 05	45 70	45 40	45 10	44 75	44 45	44 10	43 75	43 50	43 15
36 »	46 70	46 35	46 »	45 75	45 40	45 05	44 70	44 35	44 10	43 70
36 50	47 30	46 95	46 60	46 35	46 »	45 65	45 30	44 95	44 65	44 30
37 »	47 95	47 60	47 25	46 95	46 60	46 25	45 90	45 35	45 25	44 90
37 50	48 60	48 20	47 85	47 60	47 20	46 85	46 50	45 85	45 85	45 50
38 »	49 20	48 85	48 50	48 20	47 85	47 45	47 10	46 75	46 45	46 05
38 50	49 85	49 45	49 10	48 80	48 45	48 05	47 70	47 35	47 05	46 65
39 »	50 45	50 10	49 70	49 45	49 05	48 70	48 30	47 90	47 65	47 25
39 50	51 10	50 70	50 35	50 05	49 65	49 30	48 90	48 50	48 20	47 85
40 »	51 75	51 35	50 95	50 65	50 30	49 90	49 50	49 10	48 80	48 40
40 50	52 35	51 95	51 60	51 30	50 90	50 50	50 10	49 70	49 40	49 »
41 »	53 »	52 60	52 20	51 90	51 50	51 10	50 70	50 30	50 »	49 60
Différ.	0 65	0 65	0 60	0 60	0 60	0 60	0 60	0 60	0 60	0 60

PRIX PERPÉTUEL DES FARINES.

Prix de revient des 122 k. 1/2 de farines rondes en laissant les sons au meunier pour moutures, et sacs compris pour 1 fr. 50 c.

PRIX perpétuel des BLÉS par 100 k. brut.	Poids naturel de l'hect. de blé 70 k. rendement par °/₀ k.		Poids naturel de l'hect. de blé 71 k. rendement par °/₀ k.		Poids naturel de l'hect. de blé 72 k. rendement par °/₀ k.		Poids naturel de l'hect. de blé 73 k rendement par °/₀ k.		Poids naturel de l'hect. de blé 74 k. rendement par °/₀ k.	
	70 k. »»	70 k. 500	71 k. »»	71 k. 500	72 k. »»	72 k. 500	73 k. »»	73 k. 500	74 k. »»	74 k. 500
	Prix des 122 k. 1/2 de toutes farines prix de moutures et sacs compris.	Prix des 122 k. 1/2 de toutes farines prix de moutures et sacs compris.	Prix des 122 k. 1/2 de toutes farines prix de moutures et sacs compris.	Prix des 122 k. 1/2 de toutes farines prix de moutures et sacs compris.	Prix des 122 k. 1/2 de toutes farines prix de moutures et sacs compris.	Prix des 122 k. 1/2 de toutes farines prix de moutures et sacs compris.	Prix des 122 k. 1/2 de toutes farines prix de moutures et sacs compris.	Prix des 122 k. 1/2 de toutes farines prix de moutures et sacs compris.	Prix des 122 k. 1/2 de toutes farines prix de moutures et sacs compris.	Prix des 122 k. 1/2 de toutes farines prix de moutures et sacs compris.
fr. c.	fr. c.	fr. c.	fr. c.	fr. c.	fr. c.	fr. c.	fr. c.	fr. c.	fr. c.	fr. c.
16 »	29 50	29 25	29 »	28 80	28 60	28 40	28 20	27 90	27 70	27 50
16 50	30 40	30 10	29 85	29 65	29 45	29 25	29 05	28 75	28 55	28 35
17 »	31 25	31 »	30 75	30 55	30 30	30 10	29 90	29 60	29 40	29 20
17 50	32 15	31 85	31 60	31 40	31 20	30 95	30 75	30 45	30 25	30 05
18 »	33 »	32 75	32 50	32 25	32 05	31 80	31 60	31 30	31 10	30 85
18 50	33 90	33 60	33 35	33 15	32 90	32 70	32 45	32 15	31 95	31 70
19 »	34 75	34 50	34 20	34 »	33 75	33 55	33 30	33 »	32 80	32 55
19 50	35 65	35 35	35 10	34 85	34 65	34 40	34 15	33 85	33 60	33 40
20 »	36 50	36 25	35 95	35 75	35 50	35 25	35 »	34 70	34 45	34 25
20 50	37 40	37 10	36 85	36 60	36 35	36 15	35 85	35 55	35 30	35 10
21 »	38 25	38 »	37 70	37 45	37 20	36 95	36 70	36 40	36 15	35 90
21 50	39 15	38 85	38 55	38 35	38 10	37 80	37 55	37 25	37 »	36 75
22 »	40 »	39 75	39 45	39 20	38 95	38 65	38 40	38 10	37 85	37 60
22 50	40 90	40 60	40 30	40 05	39 80	39 55	39 30	38 95	38 70	38 45
23 »	41 75	41 45	41 20	40 90	40 65	40 40	40 15	39 80	39 55	39 30
23 50	42 65	42 35	42 05	41 80	41 55	41 25	41 »	40 65	40 40	40 15
24 »	43 50	43 20	42 90	42 65	42 40	42 10	41 85	41 50	41 25	40 95
24 50	44 40	44 10	43 80	43 50	43 25	42 95	42 70	42 35	42 10	41 80
25 »	45 25	44 95	44 65	44 40	44 10	43 80	43 55	43 20	42 95	42 65
25 50	46 15	45 85	45 55	45 25	45 »	44 65	44 40	44 05	43 75	43 50
26 »	47 »	46 70	46 40	46 10	45 85	45 50	45 25	44 90	44 60	44 35
26 50	47 90	47 60	47 25	47 »	46 70	46 40	46 10	45 75	45 45	45 20
27 »	48 75	48 45	48 15	47 85	47 55	47 25	46 95	46 60	46 30	46 00
27 50	49 65	49 35	49 »	48 70	48 45	48 10	47 80	47 45	47 15	46 85
28 »	50 50	50 20	49 90	49 60	49 30	48 95	48 65	48 30	48 »	47 70
28 50	51 40	51 05	50 75	50 45	50 15	49 80	49 50	49 15	48 35	48 55
Différ.	0 90	0 85	0 85	0 85	0 85	0 85	0 85	0 85	0 85	0 85

Prix de revient des 122 k. 1/2 de farines rondes en laissant les sons au meunier pour moutures, et sacs compris pour 1 fr. 50 c.:

PRIX perpétuel des BLÉS par 100 k. brut.	Poids naturel de l'hect. de blé 70 k. rendement par %k.		Poids naturel de l'hect. de blé 71 k. rendement par %k.		Poids naturel de l'hect. de blé 72 k. rendement par %k.		Poids naturel de l'hect. de blé 73 k. rendement par %k.		Poids naturel de l'hect. de blé 74 k. rendement par %k.	
	70 k. »»	70 k. 500	71 k. »»	71 k. 500	72 k. »»	72 k. 500	73 k. »»	73 k. 500	74 k. »»	74 k. 500
	Prix des 122 k. 1/2 de toutes farines prix de moutures et sacs compris.	Prix des 122 k. 1/2 de toutes farines prix de moutures et sacs compris.	Prix des 122 k. 1/2 de toutes farines prix de moutures et sacs compris.	Prix des 122 k. 1/2 de toutes farines prix de moutures et sacs compris.	Prix des 122 k. 1/2 de toutes farines prix de moutures et sacs compris.	Prix des 122 k. 1/2 de toutes farines prix de moutures et sacs compris.	Prix des 122 k. 1/2 de toutes farines prix de moutures et sacs compris.	Prix des 122 k. 1/2 de toutes farines prix de moutures et sacs compris.	Prix des 122 k. 1/2 de toutes farines prix de moutures et sacs compris.	Prix des 122 k. 1/2 de toutes farines prix de moutures et sacs compris.
fr. c.	fr. c.	fr. c.	fr. c.	fr. c.	fr. c.	fr. c.	fr. c.	fr. c.	fr. c.	fr. c.
29 »	52 30	51 95	51 60	51 30	51 »	50 65	50 35	50 »	49 70	49 40
29 50	53 15	52 80	52 50	52 20	51 85	51 50	51 20	50 85	50 55	50 25
30 »	54 05	53 70	53 35	53 05	52 75	52 35	52 05	51 70	51 40	51 10
30 50	54 90	54 55	54 25	53 90	53 60	53 20	52 90	52 55	52 25	51 90
31 »	55 80	55 45	55 10	54 80	54 45	54 05	53 75	53 40	53 10	52 75
31 50	56 65	56 30	55 95	55 65	55 30	54 95	54 60	54 25	53 95	53 60
32 »	57 55	57 20	56 85	56 50	56 20	55 80	55 45	55 10	54 75	54 45
32 50	58 40	58 05	57 70	57 40	57 05	56 65	56 30	55 95	55 60	55 30
33 »	59 30	58 95	58 60	58 25	57 90	57 50	57 15	56 80	56 45	56 15
33 50	60 15	59 80	59 45	59 10	58 75	58 35	58 »	57 65	57 30	56 95
34 »	61 05	60 70	60 30	60 »	59 65	59 20	58 85	58 50	58 15	57 80
34 50	61 90	61 55	61 20	60 85	60 50	60 05	59 70	59 35	59 »	58 65
35 »	62 80	62 40	62 05	61 70	61 35	60 95	60 60	60 20	59 85	59 50
35 50	63 65	63 30	62 95	62 60	62 20	61 80	61 45	61 05	60 70	60 35
36 »	64 55	64 15	63 80	63 45	63 10	62 65	62 30	61 90	61 55	61 20
36 50	65 40	65 05	64 65	64 30	63 95	63 50	63 15	62 75	62 40	62 »
37 »	66 30	65 90	65 55	65 15	64 80	64 35	64 »	63 60	63 25	62 85
37 50	67 15	66 80	66 40	66 05	65 65	65 20	64 85	64 45	64 10	63 70
38 »	68 05	67 65	67 30	66 90	66 55	66 05	65 70	65 30	64 90	64 55
38 50	68 90	68 55	68 15	67 75	67 40	66 90	66 55	66 15	65 75	65 40
39 »	69 80	69 40	69 »	68 65	68 25	67 80	67 40	67 »	66 60	66 25
39 50	70 65	70 30	69 90	69 50	69 10	68 65	68 25	67 85	67 45	67 05
40 »	71 55	71 15	70 75	70 35	70 »	69 50	69 10	68 70	68 30	67 90
40 50	72 40	72 05	71 65	71 25	70 85	70 35	69 95	69 55	69 15	68 75
41 »	73 30	72 95	72 50	72 10	71 70	71 20	70 80	70 40	70 »	69 80
Différ.	0 90	0 85	0 85	0 85	0 85	0 85	0 85	0 85	0 85	0 85

F

PRIX PERPÉTUEL DES FARINES.

Prix de revient des 122 k. 1/2 de farines rondes en laissant les sons au meunier pour moutures, et sacs compris pour 1 fr. 50 c.

PRIX perpétuel des BLÉS par 100 k. brut.	Poids naturel de l'hect. de blé 75 k. rendement par %k.		Poids naturel de l'hect. de blé 76 k. rendement par %k.		Poids naturel de l'hect. de blé 77 k. rendement par %k.		Poids naturel de l'hect. de blé 78 k. rendement par %k.		Poids naturel de l'hect. de blé 79 k. rendement par %k.	
	75 k. »»	75 k. 500	76 k. »»	76 k. 500	77 k. »»	77 k. 500	78 k. »»	78 k. 500	79 k. »»	79 k. 500
	Prix des 122 k. 1/2 de toutes farines prix de moutures et sacs compris.	Prix des 122 k. 1/2 de toutes farines prix de moutures et sacs compris.	Prix des 122 k. 1/2 de toutes farines prix de moutures et sacs compris.	Prix des 122 k. 1/2 de toutes farines prix de moutures et sacs compris.	Prix des 122 k. 1/2 de toutes farines prix de moutures et sacs compris.	Prix des 122 k. 1/2 de toutes farines prix de moutures et sacs compris.	Prix des 122 k. 1/2 de toutes farines prix de moutures et sacs compris.	Prix des 122 k. 1/2 de toutes farines prix de moutures et sacs compris.	Prix des 122 k. 1/2 de toutes farines prix de moutures et sacs compris.	Prix des 122 k. 1/2 de toutes farines prix de moutures et sacs compris.
fr. c.	fr. c.	fr. c.	fr. c.	fr. c.	fr. c.	fr. c.	fr. c.	fr. c.	fr. c.	fr. c.
16 »	27 25	27 »	26 80	26 60	26 40	26 25	25 90	25 70	25 50	25 25
16 50	28 10	27 85	27 65	27 45	27 20	27 05	26 70	26 50	26 30	26 05
17 »	28 95	28 65	28 45	28 25	28 05	27 90	27 55	27 30	27 10	26 85
17 50	29 75	29 50	29 30	29 10	28 85	28 70	28 35	28 15	27 90	27 65
18 »	30 60	30 35	30 15	29 90	29 70	29 50	29 15	28 95	28 75	28 45
18 50	31 45	31 20	30 95	30 75	30 50	30 35	30 »	29 75	29 55	29 25
19 »	32 30	32 »	31 80	31 55	31 35	31 15	30 80	30 55	30 35	30 10
19 50	33 10	32 85	32 60	32 40	32 15	31 95	31 60	31 40	31 15	30 90
20 »	33 95	33 70	33 45	33 20	33 »	32 80	32 45	32 20	31 95	31 70
20 50	34 80	34 50	34 30	34 05	33 80	33 60	33 25	33 »	32 75	32 50
21 »	35 65	35 25	35 10	34 85	34 60	34 40	34 05	33 80	33 60	33 20
21 50	36 50	36 20	35 95	35 70	35 45	35 25	34 90	34 65	34 40	34 10
22 »	37 30	37 05	36 80	36 50	36 25	36 05	35 70	35 45	35 20	34 90
22 50	38 15	37 85	37 60	37 35	37 10	36 85	36 50	36 25	36 »	35 70
23 »	39 »	38 70	38 45	38 15	37 90	37 70	37 30	37 05	36 80	36 50
23 50	39 85	39 55	39 30	39 »	38 75	38 50	38 15	37 90	37 60	37 30
24 »	40 65	40 40	40 10	39 80	39 55	39 30	38 95	38 70	38 45	38 15
24 50	41 50	41 20	40 95	40 65	40 35	40 15	39 75	39 50	39 25	38 95
25 »	42 35	42 05	41 80	41 45	41 20	40 95	40 60	40 30	40 05	39 75
25 50	43 20	42 90	42 60	42 30	42 »	41 75	41 40	41 15	40 85	40 55
26 »	44 05	43 70	43 45	43 10	42 85	42 60	42 20	41 95	41 65	41 35
26 50	44 85	44 55	44 25	43 95	43 65	43 40	43 05	42 75	42 45	42 15
27 »	45 70	45 40	45 10	44 75	44 50	44 20	43 85	43 55	43 30	42 95
27 50	46 55	46 25	45 95	45 60	45 30	45 05	44 65	44 40	44 10	43 75
28 »	47 40	47 05	46 75	46 40	46 15	45 85	45 50	45 20	44 90	44 55
28 50	48 20	47 90	47 60	47 25	46 95	46 65	46 30	46 »	45 60	45 35
Différ.	0 85	0 85	0 85	0 85	0 80	0 80	0 80	0 80	0 80	0 80

Prix de revient des 122 k. 1/2 de farines rondes en laissant les sons au meunier pour moutures, et sacs compris pour 1 fr. 50 c.

PRIX perpétuel des BLÉS par 100 k. brut.	Poids naturel de l'hect. de blé 75 k. rendement par %k.		Poids naturel de l'hect. de blé 76 k. rendement par %k.		Poids naturel de l'hect. de blé 77 k. rendement par %k.		Poids naturel de l'hect. de blé 78 k. rendement par %k.		Poids naturel de l'hect. de blé 79 k. rendement par %k.	
	75 k. »»	75 k. 500	76 k. »»	76 k. 500	77 k. »»	77 k. 500	78 k. »»	78 k. 500	79 k. »»	79 k. 500
	Prix des 122k 1/2 de toutes farines prix de moutures et sacs compris.	Prix des 122 k.1/2 de toutes farines prix de moutures et sacs compris.	Prix des 122 k. 1/2 de toutes farines prix de moutures et sacs compris.	Prix des 122 k. 1/2 de toutes farines prix de moutures et sacs compris.	Prix des 122 k. 1/2 de toutes farines prix de moutures et sacs compris.	Prix des 122 k.1/2 de toutes farines prix de moutures et sacs compris.	Prix des 122 k. 1/2 de toutes farines prix de moutures et sacs compris.	Prix des 122 k. 1/2 de toutes farines prix de moutures et sacs compris.	Prix des 122 k.1/2 de toutes farines prix de moutures et sacs compris.	Prix des 122 k. 1/2 de toutes farines prix de moutures et sacs compris.
fr. c.	fr. c.	fr. c.	fr. c.	fr. c.	fr. c.	fr. c.	fr. c.	fr. c.	fr. c.	fr. c.
29 »	49 05	48 75	48 45	48 10	47 75	47 50	47 10	46 80	46 40	46 20
29 50	49 90	49 55	49 25	48 90	48 60	48 30	47 95	47 60	47 30	47 »
30 »	50 75	50 40	50 10	49 75	49 40	49 15	48 75	48 45	48 10	47 80
30 50	51 60	51 25	50 95	50 55	50 25	49 95	49 55	49 25	48 95	48 60
31 »	52 40	52 10	51 75	51 40	51 05	50 75	50 40	50 05	49 75	49 40
31 50	53 25	52 90	52 60	52 20	51 90	51 60	51 20	50 85	50 55	50 20
32 »	54 10	53 75	53 40	53 05	52 70	52 40	52 »	51 70	51 35	51 »
32 50	54 95	54 60	54 25	53 85	53 55	53 20	52 85	52 50	52 15	51 80
33 »	55 80	55 40	55 10	54 70	54 35	54 05	53 65	53 30	52 95	52 60
33 50	56 60	56 25	55 90	55 50	55 15	54 85	54 45	54 10	53 80	53 40
34 »	57 45	57 10	56 75	56 35	56 »	55 65	55 30	54 95	54 60	54 25
34 50	58 30	57 95	57 60	57 15	56 80	56 50	56 10	55 75	55 40	55 05
35 »	59 15	58 75	58 40	58 »	57 65	57 30	56 90	56 55	56 20	55 85
35 50	59 95	59 60	59 25	58 80	58 45	58 10	57 70	57 35	56 »	56 65
36 »	60 80	60 45	60 10	59 65	59 30	58 95	58 55	58 20	57 80	57 45
36 50	61 65	61 30	60 90	60 45	60 10	59 75	59 35	59 »	58 65	58 25
37 »	62 50	62 10	61 75	61 30	60 90	60 55	60 20	59 80	59 45	59 05
37 50	63 35	62 95	62 60	62 10	61 75	61 40	61 »	60 60	60 25	59 85
38 »	64 15	63 80	63 40	62 95	62 55	62 20	61 80	61 45	61 05	60 65
38 50	65 »	64 60	64 25	63 75	63 40	63 »	62 65	62 25	61 85	61 45
39 »	65 85	65 45	65 05	64 60	64 20	63 85	63 45	63 05	62 65	62 30
39 50	66 70	66 30	65 90	65 40	65 05	64 65	64 25	63 85	63 50	63 10
40 »	67 50	67 15	66 75	66 25	65 85	65 45	65 10	64 70	64 30	63 90
40 50	68 35	67 95	67 55	67 05	66 70	66 30	65 90	65 50	65 10	64 70
41 »	69 20	68 80	68 40	67 90	67 50	67 10	66 70	66 30	65 90	65 50
Différ.	0 85	0 85	0 85	0 85	0 80	0 80	0 80	0 80	0 80	0 80

PRIX PERPÉTUEL DES FARINES.

Prix de revient des 122 k. 1/2 de toutes farines en laissant les sons au meunier pour moutures, et sacs compris pour 1 fr. 50 c.

PRIX perpétuel des BLÉS par 100 k. brut.	Poids naturel de l'hect. de blé 80 k. rendement par °/₀ k.		Poids naturel de l'hect. de blé 81 k. rendement par °/₀ k.		Poids naturel de l'hect. de blé 82 k. rendement par °/₀ k.		Poids naturel de l'hect. de blé 83 k. rendement par °/₀ k.		Poids naturel de l'hect. de blé 84 k. rendement par °/₀ k.	
	80 k. »»»	80 k. 500	81 k. »»	81 k. 500	82 k. »»	82 k. 500	83 k. »»	83 k. 500	84 k. »»	84 k. 500
	Prix des 122 k. 1/2 de toutes farines prix de moutures et sacs compris.	Prix des 122 k. 1/2 de toutes farines prix de moutures et sacs compris.	Prix des 122 k. 1/2 de toutes farines prix de moutures et sacs compris.	Prix des 122 k. 1/2 de toutes farines prix de moutures et sacs compris.	Prix des 122 k. 1/2 de toutes farines prix de moutures et sacs compris.	Prix des 122 k. 1/2 de toutes farines prix de moutures et sacs compris.	Prix des 122 k. 1/2 de toutes farines prix de moutures et sacs compris.	Prix des 122 k. 1/2 de toutes farines prix de moutures et sacs compris.	Prix des 122 k. 1/2 de toutes farines prix de moutures et sacs compris.	Prix des 122 k. 1/2 de toutes farines prix de moutures et sacs compris.
fr. c.	fr. c.	fr. c.	fr. c.	fr. c.	fr. c.	fr. c.	fr. c.	fr. c.	fr. c.	fr. c.
16 »	25 »	24 80	24 60	24 40	24 20	24 »	23 75	23 50	23 30	23 10
16 50	25 80	25 60	25 40	25 20	25 »	24 80	24 55	24 30	24 05	23 85
17 »	26 60	26 40	26 20	26 »	25 75	25 55	25 30	25 05	24 85	24 65
17 50	27 40	27 20	27 »	26 75	26 »	26 35	26 10	25 85	25 60	25 40
18 »	28 20	28 »	27 80	27 55	27 35	27 10	26 85	26 60	26 35	26 15
18 50	29 »	28 80	28 55	28 35	28 15	27 90	27 65	27 40	27 15	26 90
19 »	29 80	29 60	29 35	29 15	28 90	28 70	28 40	28 15	27 90	27 70
19 50	30 60	30 40	30 15	29 95	29 70	29 45	29 20	28 95	28 70	28 45
20 »	31 40	31 20	30 95	30 70	30 50	30 25	29 95	29 70	29 45	29 20
20 50	32 20	32 »	31 75	31 50	31 25	31 »	30 75	30 50	30 20	30 »
21 »	33 »	32 80	32 55	32 30	32 05	31 80	31 50	31 25	31 »	30 75
21 50	33 80	33 60	33 35	33 10	32 85	32 60	32 30	32 05	31 75	31 50
22 »	34 60	34 40	34 15	33 90	33 65	33 35	33 05	32 80	32 50	32 25
22 50	35 45	35 15	34 90	34 65	34 40	34 15	33 85	33 60	33 30	33 05
23 »	36 25	35 95	35 70	35 45	35 20	34 90	34 65	34 35	34 05	33 80
23 50	37 05	36 75	36 50	36 25	36 »	35 70	35 40	35 15	34 80	34 55
24 »	37 85	37 55	37 30	37 05	36 80	36 50	36 20	35 90	35 60	35 30
24 50	38 65	38 35	38 10	37 85	37 55	37 25	36 95	36 70	36 35	36 10
25 »	39 45	39 15	38 90	38 60	38 35	38 05	37 75	37 45	37 10	36 85
25 50	40 25	39 95	39 70	39 40	39 15	38 80	38 50	38 25	37 90	37 60
26 »	41 05	40 75	40 50	40 20	39 90	39 60	39 30	39 »	38 65	38 40
26 50	41 85	41 55	41 25	41 »	40 70	40 40	40 05	39 80	39 45	39 15
27 »	42 65	42 35	42 05	41 80	41 50	41 15	40 85	40 55	40 20	39 90
27 50	43 45	43 15	42 85	42 60	42 30	41 95	41 60	41 35	40 95	40 65
28 »	44 25	43 95	43 65	43 35	43 05	42 70	42 40	42 10	41 75	41 45
28 50	45 05	44 75	44 45	44 15	43 85	43 50	43 15	42 90	42 50	42 20
Différ.	0 80	0 80	0 80	0 80	0 80	0 80	0 80	0 75	0 75	0 75

Prix de revient des 122 k. 1/2 de toutes farines en laissant les sons au meunier pour moutures, et sacs compris pour 1 fr. 50 c.

PRIX perpétuel des BLÉS par 100 k. brut.	Poids naturel de l'hect. de blé 80 k. rendement par %k.		Poids naturel de l'hect. de blé 81 k. rendement par %k.		Poids naturel de l'hect. de blé 82 k. rendement par %k.		Poids naturel de l'hect. de blé 83 k. rendement par %k.		Poids naturel de l'hect. de blé 84 k. rendement par %k.	
	80 k. »»	80 k. 500	81 k. »»	81 k. 500	82 k. »»	82 k. 500	83 k. »»	83 k. 500	84 k. »»	84 k. 500
	Prix des 122 k.1/2 de toutes farines prix de moutures et sacs compris.	Prix des 122 k.1/2 de toutes farines prix de moutures et sacs compris.	Prix des 122 k.1/2 de toutes farines prix de moutures et sacs compris.	Prix des 122 k.1/2 de toutes farines prix de moutures et sacs compris.	Prix des 122 k.1/2 de toutes farines prix de moutures et sacs compris.	Prix des 122 k.1/2 de toutes farines prix de moutures et sacs compris.	Prix des 122 k.1/2 de toutes farines prix de moutures et sacs compris.	Prix des 122 k.1/2 de toutes farines prix de moutures et sacs compris.	Prix des 122 k.1/2 de toutes farines prix de moutures et sacs compris.	Prix des 122 k.1/2 de toutes farines prix de moutures et sacs compris.
fr. c.	fr. c.	fr. c.	fr. c.	fr. c.	fr. c.	fr. c.	fr. c.	fr. c.	fr. c.	fr. c.
29 »	45 85	45 55	45 25	44 95	44 65	44 30	43 95	43 70	43 25	42 95
29 50	46 65	46 35	46 05	45 75	45 40	45 05	44 75	44 45	44 05	43 75
30 »	47 45	47 15	46 85	46 50	46 20	45 85	45 50	45 25	44 80	44 50
30 50	48 25	47 95	47 65	47 30	47 »	46 60	46 30	46 »	45 55	45 25
31 »	49 05	48 75	48 40	48 10	47 80	47 40	47 05	46 80	46 35	46 »
31 50	49 85	49 55	49 20	48 90	48 55	48 20	47 85	47 55	47 10	46 80
32 »	50 65	50 35	50 »	49 70	49 35	48 95	48 60	48 35	47 90	47 55
32 50	51 45	51 15	50 80	50 45	50 15	49 75	49 40	49 10	48 65	48 30
33 »	52 25	51 95	51 60	51 25	50 90	50 50	50 15	49 90	49 40	49 10
33 50	53 05	52 75	52 40	52 05	51 70	51 30	50 95	50 65	50 20	49 85
34 »	53 85	53 55	53 20	52 85	52 50	52 10	51 70	51 45	50 95	50 60
34 50	54 65	54 35	54 »	53 65	53 30	52 85	52 50	52 20	51 70	51 35
35 »	55 50	55 10	54 75	54 40	54 05	53 65	53 30	53 »	52 50	52 15
35 50	56 30	55 90	55 55	55 20	54 85	54 40	54 05	53 75	53 25	52 90
36 »	57 10	56 70	56 35	56 »	55 65	55 20	54 85	54 55	54 »	53 65
36 50	57 90	57 50	57 15	56 80	56 45	56 »	55 60	55 30	54 80	54 40
37 »	58 70	58 30	57 95	57 60	57 20	56 75	56 40	56 10	55 55	55 20
37 50	59 50	59 10	58 75	58 35	58 »	57 55	57 15	56 85	56 30	55 05
38 »	60 30	59 90	59 55	59 15	58 80	58 30	57 95	57 65	57 10	56 70
38 50	61 10	60 70	60 35	59 95	59 55	59 10	58 70	58 40	57 85	57 50
39 »	61 90	61 50	61 10	60 75	60 35	59 90	59 50	59 20	58 65	58 25
39 50	62 70	62 30	61 90	61 55	61 15	60 65	60 25	59 95	59 40	59 »
40 »	63 50	63 10	62 70	62 30	61 95	61 45	61 05	60 75	60 15	59 75
40 50	64 10	63 90	63 50	63 10	62 70	62 20	61 80	61 50	60 95	60 55
41 »	65 10	64 70	64 30	63 90	63 50	63 »	62 60	62 30	61 70	61 30
Différ.	0 80	0 80	0 80	0 80	0 80	0 80	0 80	0 80	0 75	0 75

PRIX PERPÉTUEL DES FARINES.

Prix de revient des 125 k. de farines rondes en laissant les sons au meunier pour moutures, et sacs compris pour 1 fr. 50 c.

PRIX perpétuel des BLÉS par 100 k.	Poids naturel de l'hect. de blé 70 k. rendement par °/o k.		Poids naturel de l'hect. de blé 71 k. rendement par °/o k.		Poids naturel de l'hect. de blé 72 k. rendement par °/o k.		Poids naturel de l'hect. de blé 73 k. rendement par °/o k.		Poids naturel de l'hect. de blé 74 k. rendement par °/o.	
	70 k. »»	70 k. 500	71 k. »»	71 k. 500	72 k. »»	72 k. 500	73 k. »»	73 k. 500	74 k. »»	74 k. 500
	Prix des 125 k. de toutes farines prix de moutures et sacs compris.	Prix des 125 k. de toutes farines prix de moutures et sacs compris.	Prix des 125 k. de toutes farines prix de moutures et sacs compris.	Prix des 125 k. de toutes farines prix de moutures et sacs compris.	Prix des 125 k. de toutes farines prix de moutures et sacs compris.	Prix des 125 k. de toutes farines prix de moutures et sacs compris.	Prix des 125 k. de toutes farines prix de moutures et sacs compris.	Prix des 125 k. de toutes farines prix de moutures et sacs compris.	Prix des 125 k. de toutes farines prix de moutures et sacs compris.	Prix des 125 k. de toutes farines prix de moutures et sacs compris.
fr. c.	fr. c.	fr. c.	fr. c.	fr. c.	fr. c.	fr. c.	fr. c.	fr. c.	fr. c.	fr. c.
16 »	30 30	30 15	30 »	29 85	29 65	29 50	29 35	29 15	29 »	28 85
16 50	31 20	31 05	30 90	30 75	30 55	30 35	30 20	30 »	29 85	29 70
17 »	32 10	31 95	31 80	31 60	31 40	31 25	31 10	30 90	30 70	30 55
17 50	33 »	32 85	32 65	32 50	32 30	32 10	31 95	31 75	31 55	31 40
18 »	33 90	33 70	33 55	33 40	33 15	33 »	32 80	32 60	32 40	32 25
18 50	34 80	34 60	34 45	34 25	34 05	33 85	33 70	33 45	33 30	33 10
19 »	35 70	35 50	35 35	35 15	34 90	34 75	34 55	34 35	34 15	33 95
19 50	36 60	36 40	36 20	36 05	35 80	35 60	35 40	35 20	35 »	34 80
20 »	37 50	37 30	37 10	36 90	36 65	36 50	36 30	36 05	35 85	35 65
20 50	38 40	38 20	37 80	37 80	37 55	37 35	37 15	36 90	36 70	36 50
21 »	39 30	39 10	38 90	38 70	38 40	38 20	38 »	37 80	37 55	37 35
21 50	40 20	39 95	39 75	39 55	39 30	39 10	38 90	38 65	38 40	38 20
22 »	41 10	40 85	40 65	40 45	40 15	39 95	39 75	39 50	39 25	39 05
22 50	42 »	41 75	41 55	41 05	41 05	40 85	40 65	40 35	40 15	39 90
23 »	42 90	42 65	42 45	42 20	41 95	41 70	41 50	41 25	41 »	40 75
23 50	43 80	43 55	43 30	43 10	42 80	42 60	42 35	42 10	41 85	41 60
24 »	44 70	44 45	44 20	44 »	43 70	43 45	43 20	42 95	42 70	42 45
24 50	45 60	45 35	45 10	44 85	44 55	44 30	44 10	43 80	43 55	43 30
25 »	46 50	46 20	46 »	45 75	45 45	45 20	44 95	44 70	44 40	44 15
25 50	47 40	47 10	46 85	46 65	46 30	46 05	45 80	45 55	45 25	45 »
26 »	48 30	48 »	47 75	47 50	47 20	46 95	46 70	46 40	46 10	45 85
26 50	49 20	48 90	48 65	48 40	48 05	47 80	47 55	47 25	47 »	46 70
27 »	50 10	49 80	49 55	49 30	48 95	48 70	48 40	48 15	47 85	47 55
27 50	51 »	50 70	50 40	50 15	49 80	49 55	49 30	49 »	48 70	48 40
28 »	51 90	51 60	51 30	51 05	50 70	50 45	50 15	49 85	49 55	49 25
28 50	52 75	52 45	52 20	51 90	51 55	51 30	51 »	50 70	50 40	50 20
Différ.	0 90	0 90	0 90	0 90	0 90	0 85	0 85	0 85	0 85	0 85

PRIX PERPÉTUEL DES FARINES.

Prix de revient des 125 k. de farines rondes en laissant les sons au meunier pour moutures, et sacs compris pour 1 fr. 50 c.

PRIX perpétuel des BLÉS par 100 k. brut.	Poids naturel de l'hect. de blé 70 k. rendement par °/₀ k. 70 k. »»	70 k. 500	Poids naturel de l'hect. de blé 71 k. rendement par °/₀ k. 71 k. »»	71 k. 500	Poids naturel de l'hect. de blé 72 k. rendement par °/₀ k. 72 k. »»	72 k. 500	Poids naturel de l'hect. de blé 73 k. rendement par °/₀ k. 73 k. »»	73 k. 500	Poids naturel de l'hect. de blé 74 k. rendement par °/₀ k. 74 k. »»	74 k. 500
	Prix des 125 k. de toutes farines prix de moutures et sacs compris.	Prix des 125 k. de toutes farines prix de moutures et sacs compris.	Prix des 125 k. de toutes farines prix de moutures et sacs compris.	Prix des 125 k. de toutes farines prix de moutures et sacs compris.	Prix des 125 k. de toutes farines prix de moutures et sacs compris.	Prix des 125 k. de toutes farines prix de moutures et sacs compris.	Prix des 125 k. de toutes farines prix de moutures et sacs compris.	Prix des 125 k. de toutes farines prix de moutures et sacs compris.	Prix des 125 k. de toutes farines prix de moutures et sacs compris.	Prix des 125 k. de toutes farines prix de moutures et sacs compris.
fr. c.	fr. c.	fr. c.	fr. c.	fr. c.	fr. c.	fr. c.	fr. c.	fr. c.	fr. c.	fr. c.
29 »	53 65	53 35	53 10	52 80	52 45	52 15	51 90	51 60	51 25	50 »
29 50	54 55	54 25	54 »	53 70	53 35	53 05	52 75	52 45	52 10	51 85
30 »	55 45	55 15	54 85	54 55	54 20	53 90	53 65	53 30	52 95	52 70
30 50	56 35	56 05	55 75	55 45	55 10	54 80	54 50	54 20	53 80	53 55
31 »	57 25	56 95	56 65	56 35	55 95	55 65	55 35	55 05	54 70	54 40
31 50	58 15	57 85	57 55	57 20	56 85	56 55	56 25	55 90	55 35	55 25
32 »	59 05	58 75	58 40	58 10	57 70	57 40	57 10	56 75	56 40	56 10
32 50	59 95	59 60	59 30	59 »	58 60	58 30	57 95	57 65	57 25	56 95
33 »	60 85	60 50	60 20	59 85	59 45	59 15	58 85	58 50	58 10	57 80
33 50	61 75	61 40	61 10	60 75	60 35	60 »	59 70	59 35	58 95	58 65
34 »	62 65	62 30	61 95	61 65	61 20	60 90	60 55	70 20	59 80	59 50
34 50	63 55	63 20	62 85	62 50	62 10	61 75	61 45	71 10	60 65	60 35
35 »	64 45	64 10	63 75	63 40	63 »	62 65	62 30	71 95	61 55	61 20
35 50	65 35	65 »	64 65	64 30	63 85	63 50	63 15	72 80	62 40	62 05
36 »	66 25	65 85	65 50	65 15	64 75	64 40	64 05	63 65	63 25	62 90
36 50	67 15	66 75	66 40	66 05	65 60	65 25	64 90	64 55	64 10	63 75
37 »	68 05	67 65	67 30	66 95	66 50	66 10	65 75	65 40	64 95	64 60
37 50	68 95	68 55	68 20	67 80	67 35	67 »	66 60	66 25	65 80	65 45
38 »	69 85	69 45	69 05	68 70	68 25	67 85	67 50	67 10	66 85	66 30
38 50	70 75	70 35	69 95	69 60	69 10	68 75	68 35	68 »	67 50	67 15
39 »	71 65	71 25	70 85	70 45	70 »	69 60	69 25	68 85	68 40	68 »
39 50	72 55	72 10	41 75	71 35	70 85	70 50	70 10	69 70	69 25	68 85
40 »	73 45	73 »	72 60	72 25	71 75	71 35	70 95	70 55	70 10	69 70
40 50	74 35	73 90	73 50	73 10	72 60	72 25	71 85	71 45	70 95	70 55
41 »	75 25	74 80	74 40	74 »	73 50	73 10	72 70	72 30	71 80	71 40
Différ.	0 90	0 90	0 90	0 90	0 90	0 85	0 85	0 85	0 85	0 85

PRIX PERPÉTUEL DES FARINES.

Prix de revient des 125 k. de farines rondes en laissant les sons au meunier pour moutures, et sacs compris pour 1 fr. 50 c.

PRIX perpétuel des BLÉS par 100 k. brut.	Poids naturel de l'hect. de blé 75 k. rendement par % k.		Poids naturel de l'hect. de blé 76 k. rendement par % k.		Poids naturel de l'hect. de blé 77 k. rendement par % k.		Poids naturel de l'hect. de blé 78 k. rendement par % k.		Poids naturel de l'hect. de blé 79 k. rendement par % k.	
	75 k. »»	75 k. 500	76 k. »»	76 k. 500	77 k. »»	77 k. 500	78 k. »»	78 k. 500	79 k. »»	79 k. 500
	Prix des 125 k. de toutes farines prix de moutures et sacs compris.	Prix des 125 k. de toutes farines prix de moutures et sacs compris.	Prix des 125 k. de toutes farines prix de moutures et sacs compris.	Prix des 125 k. de toutes farines prix de moutures et sacs compris.	Prix des 125 k. de toutes farines prix de moutures et sacs compris.	Prix des 125 k. de toutes farines prix de moutures et sacs compris.	Prix des 125 k. de toutes farines prix de moutures et sacs compris.	Prix des 125 k. de toutes farines prix de moutures et sacs compris.	Prix des 125 k. de toutes farines prix de moutures et sacs compris.	Prix des 125 k. de toutes farines prix de moutures et sacs compris.
fr. c.	fr. c.	fr. c.	fr. c.	fr. c.	fr. c.	fr. c.	fr. c.	fr. c.	fr. c.	fr. c.
16 »	28 65	28 50	28 30	28 15	28 »	27 80	27 65	27 50	27 30	27 15
16 50	29 50	29 35	29 15	29 »	28 85	28 60	28 45	28 30	28 10	27 95
17 »	30 35	30 20	29 95	29 80	29 65	29 45	29 30	29 10	28 90	28 75
17 50	31 20	31 05	30 80	30 65	30 50	30 25	30 10	29 95	29 70	29 55
18 »	32 05	31 85	31 65	31 45	31 30	31 10	30 90	30 75	30 50	30 35
18 50	32 90	32 70	32 50	32 30	32 15	31 90	31 75	31 55	31 35	31 15
19 »	33 75	33 55	33 20	33 15	32 95	32 75	32 55	32 35	32 15	31 95
19 50	34 60	34 40	34 15	33 95	33 80	33 55	33 35	33 15	32 95	32 75
20 »	35 55	35 25	35 »	34 80	34 60	34 40	34 20	34 »	33 75	33 55
20 50	36 25	36 10	35 85	35 65	35 45	35 20	35 »	34 80	34 55	34 35
21 »	37 10	36 90	36 65	36 45	36 25	36 »	35 80	35 60	35 35	35 15
21 50	37 95	37 75	37 50	37 30	37 10	36 85	36 65	36 40	36 15	35 95
22 »	38 80	38 60	38 35	38 10	37 90	37 65	37 45	37 20	36 95	36 75
22 50	39 65	39 45	39 20	38 95	38 75	38 50	38 30	38 05	37 80	37 55
23 »	40 50	40 30	40 »	39 80	39 55	39 30	39 05	38 85	38 60	38 35
23 50	41 35	41 15	40 85	40 60	40 40	40 15	39 90	39 65	39 40	39 15
24 »	42 20	41 95	41 70	41 45	41 20	40 95	40 70	40 45	40 20	39 95
24 50	43 05	42 80	42 55	42 30	42 05	41 75	41 50	41 25	41 »	40 75
25 »	43 90	43 65	43 35	43 10	42 85	42 60	42 35	42 10	41 80	41 55
25 50	44 75	44 50	44 20	43 95	43 70	43 40	43 15	42 90	42 60	42 35
26 »	45 60	45 35	45 05	44 75	44 50	44 25	43 95	43 70	43 40	43 15
26 50	46 45	46 20	45 90	45 60	45 35	45 05	44 80	44 50	44 25	43 95
27 »	47 30	47 »	46 70	46 45	46 15	45 90	45 60	45 30	45 05	44 75
27 50	48 15	47 85	47 55	47 25	47 »	46 70	46 40	46 15	45 85	45 55
28 »	49 »	48 70	48 40	48 10	47 80	47 55	47 25	46 95	46 65	46 35
28 50	49 80	49 55	49 20	48 90	48 65	48 35	48 05	47 75	47 45	47 15
Différ.	0 85	0 85	0 85	0 85	0 85	0 80	0 80	0 80	0 80	0 80

Prix de revient des 125 k. de farines rondes en laissant les sons au meunier pour moutures, et sacs compris pour 1 fr. 50 c.

PRIX perpétuel des BLÉS par 100 k. brut.	Poids naturel de l'hect. de blé 70 k. rendement par %k.		Poids naturel de l'hect. de blé 71 k. rendement par %k.		Poids naturel de l'hect. de blé 72 k. rendement par %k.		Poids naturel de l'hect. de blé 73 k. rendement par %k.		Poids naturel de l'hect. de blé 74 k. rendement par %k.	
	70 k. »»	70 k. 500	71 k. »»	71 k. 500	72 k. »»	72 k. 500	73 k. »»	73 k. 500	74 k. »»	74 k. 500
	Prix des 125 k. de toutes farines prix de moutures et sacs compris.	Prix des 125 k. de toutes farines prix de moutures et sacs compris.	Prix des 125 k. de toutes farines prix de moutures et sacs compris.	Prix des 125 k. de toutes farines prix de moutures et sacs compris.	Prix des 125 k. de toutes farines prix de moutures et sacs compris.	Prix des 125 k. de toutes farines prix de moutures et sacs compris.	Prix des 125 k. de toutes farines prix de moutures et sacs compris.	Prix des 125 k. de toutes farines prix de moutures et sacs compris.	Prix des 125 k. de toutes farines prix de moutures et sacs compris.	Prix des 125 k. de toutes farines prix de moutures et sacs compris.
fr. c.	fr. c.	fr. c.	fr. c.	fr. c.	fr. c.	fr. c.	fr. c.	fr. c.	fr. c.	fr. c.
29 »	53 65	53 35	53 10	52 80	52 45	52 15	51 90	51 60	51 25	50 »
29 50	54 55	54 25	54 »	53 70	53 35	53 05	52 75	52 45	52 10	51 85
30 »	55 45	55 15	54 85	54 55	54 20	53 90	53 65	53 30	52 95	52 70
30 50	56 35	56 05	55 75	55 45	55 10	54 80	54 50	54 20	53 80	53 55
31 »	57 25	56 95	56 65	56 35	55 95	55 65	55 35	55 05	54 70	54 40
31 50	58 15	57 85	57 55	57 20	56 85	56 55	56 25	55 90	55 55	55 25
32 »	59 05	58 75	58 40	58 10	57 70	57 40	57 10	56 75	56 40	56 10
32 50	59 95	59 60	59 30	59 »	58 60	58 30	57 95	57 65	57 25	56 95
33 »	60 85	60 50	60 20	59 85	59 45	59 15	58 85	58 50	58 10	57 80
33 50	61 75	61 40	61 10	60 75	60 35	60 05	59 70	59 35	58 95	58 50
34 »	62 65	62 30	61 95	61 65	61 20	60 90	60 55	60 20	59 80	59 50
34 50	63 55	63 20	62 85	62 50	62 10	61 75	61 45	61 10	60 65	60 35
35 »	64 45	64 10	63 75	63 40	63 »	62 65	62 30	61 95	61 55	61 20
35 50	65 35	65 »	64 65	64 30	63 85	63 50	63 15	62 80	62 40	62 05
36 »	66 25	65 85	65 50	65 15	64 75	64 40	64 05	63 65	63 25	62 90
36 50	67 15	66 75	66 40	66 05	65 60	65 25	64 90	64 55	64 10	63 75
37 »	68 05	67 65	67 30	66 95	66 50	66 10	65 75	65 40	64 95	64 60
37 50	68 95	68 55	68 15	67 80	67 35	67 »	66 65	66 25	65 80	65 45
38 »	69 85	69 45	69 05	68 70	68 25	67 85	67 50	67 10	66 65	66 30
38 50	70 75	70 35	69 95	69 60	69 10	68 75	68 35	68 »	67 50	67 15
39 »	71 65	71 25	70 85	70 45	70 »	69 60	69 25	68 85	68 40	68 »
39 50	72 55	72 10	71 75	71 35	70 85	70 50	70 10	69 70	69 25	68 85
40 »	73 45	73 »	72 60	72 25	71 75	71 35	70 95	70 55	70 10	69 70
40 50	74 35	73 90	73 50	73 10	72 60	72 25	71 85	71 45	70 95	70 55
41 »	75 25	74 80	74 40	74 »	73 50	73 10	72 70	72 30	71 80	71 40
Différ.	0 90	0 90	0 90	0 90	0 90	0 85	0 85	0 85	0 85	0 85

H

PRIX PERPÉTUEL DES FARINES.

Prix de revient des 125 k. de farines rondes en laissant les sons au meunier pour moutures, et sacs compris pour 1 fr. 50 c.

PRIX perpétuel des BLÉS par 100 k. brut.	Poids naturel de l'hect. de blé 75 k. rendement par °/o k.		Poids naturel de l'hect. de blé 76 k. rendement par °/o k.		Poids naturel de l'hect. de blé 77 k. rendement par °/o k.		Poids naturel de l'hect. de blé 78 k. rendement par °/o k.		Poids naturel de l'hect. de blé 79 k. rendement par °/o k.	
	75 k. »»	75 k. 500	76 k. »»	76 k. 500	77 k. »»	77 k. 500	78 k. »»	78 k. 500	79 k. »»	79 k. 500
	Prix des 125 k. de toutes farines prix de moutures et sacs compris.	Prix des 125 k. de toutes farines prix de moutures et sacs compris.	Prix des 125 k. de toutes farines prix de moutures et sacs compris.	Prix des 125 k. de toutes farines prix de moutures et sacs compris.	Prix des 125 k. de toutes farines prix de moutures et sacs compris.	Prix des 125 k. de toutes farines prix de moutures et sacs compris.	Prix des 125 k. de toutes farines prix de moutures et sacs compris.	Prix des 125 k. de toutes farines prix de moutures et sacs compris.	Prix des 125 k. de toutes farines prix de moutures et sacs compris.	Prix des 125 k. de toutes farines prix de moutures et sacs compris.
fr. c.	fr. c.	fr. c.	fr. c.	fr. c.	fr. c.	fr. c.	fr. c.	fr. c.	fr. c.	fr. c.
16 »	28 65	28 50	28 30	28 15	28 »	27 80	27 65	27 50	27 30	27 15
16 50	29 50	29 35	29 15	29 »	28 85	28 60	28 45	28 30	28 10	27 95
17 »	30 35	30 20	29 95	29 80	29 65	29 45	29 30	30 10	28 90	28 75
17 50	31 20	31 05	30 80	30 65	30 50	30 25	30 10	29 95	29 70	29 55
18 »	32 05	31 85	31 65	31 45	31 30	31 10	30 90	30 75	30 50	30 35
18 50	32 90	32 70	32 50	32 30	32 15	31 90	31 75	31 55	31 35	31 15
19 »	33 75	33 55	33 30	33 15	32 95	32 75	32 55	32 35	32 15	31 95
19 50	34 60	34 40	34 15	33 95	33 80	33 55	33 35	33 15	32 95	32 75
20 »	35 45	35 25	35 »	34 80	34 60	34 40	34 20	34 »	33 75	33 55
20 50	36 25	36 10	35 85	35 65	35 45	35 20	35 »	34 80	34 55	34 35
21 »	37 10	36 90	36 65	36 45	36 25	36 »	35 80	35 60	35 35	35 15
21 50	37 95	37 75	37 50	37 30	37 10	36 85	36 65	36 40	36 15	35 95
22 »	38 80	38 60	38 35	38 10	37 90	37 65	37 45	37 20	36 95	36 75
22 50	39 65	39 45	39 20	38 95	38 75	38 50	38 25	38 05	37 80	37 55
23 »	40 50	40 30	40 »	39 80	39 55	39 30	39 05	38 85	38 60	38 35
23 50	41 35	41 15	40 85	40 60	40 40	40 15	39 90	39 65	39 40	39 15
24 »	42 20	41 95	41 70	41 45	41 20	40 95	40 70	40 45	40 20	39 95
24 50	43 05	42 80	42 55	42 30	42 05	41 75	41 50	41 25	41 »	40 75
25 »	43 90	43 65	43 35	43 10	42 85	42 60	42 35	42 10	41 80	41 55
25 50	44 75	44 50	44 20	43 95	43 70	43 40	43 15	42 90	42 60	42 35
26 »	45 60	45 35	45 05	44 75	44 50	44 25	43 95	43 70	43 40	43 15
26 50	46 45	46 20	45 90	45 60	45 35	45 05	44 80	44 50	44 25	43 95
27 »	47 30	47 »	46 70	46 45	46 15	45 90	45 60	45 30	45 05	44 75
27 50	48 15	47 85	47 55	47 25	47 »	46 70	46 40	46 15	45 85	45 55
28 »	49 »	48 70	48 40	48 10	47 80	47 55	47 25	46 95	46 65	46 35
28 50	49 80	49 55	49 20	48 90	48 65	48 35	48 05	47 75	47 45	47 15
Différ.	0 85	0 85	0 85	0 85	0 85	0 80	0 80	0 80	0 80	0 80

Prix de revient des 125 k. de farines rondes en laissant les sons au meunier pour moutures, et sacs compris pour 1 fr. 50 c.

PRIX perpétuel des BLÉS par 100 k. brut.	Poids naturel de l'hect. de blé 75 k. rendement par °/₀ k. 75 k. »»»	75 k. 500	Poids naturel de l'hect. de blé 76 k. rendement par °/₀ k. 76 k. »»»	76 k. 500	Poids naturel de l'hect. de blé 77 k. rendement par °/₀ k. 77 k. »»»	77 k. 500	Poids naturel de l'hect. de blé 78 k. rendement par °/₀ k. 78 k. »»»	78 k. 500	Poids naturel de l'hect. de blé 79 k. rendement par °/₀ k. 79 k. »»»	79 k. 500
	Prix des 125 k. de toutes farines prix de moutures et sacs compris.	Prix des 125 k. de toutes farines prix de moutures et sacs compris.	Prix des 125 k. de toutes farines prix de moutures et sacs compris.	Prix des 125 k. de toutes farines prix de moutures et sacs compris.	Prix des 125 k. de toutes farines prix de moutures et sacs compris.	Prix des 125 k. de toutes farines prix de moutures et sacs compris.	Prix des 125 k. de toutes farines prix de moutures et sacs compris.	Prix des 125 k. de toutes farines prix de moutures et sacs compris.	Prix des 125 k. de toutes farines prix de moutures et sacs compris.	Prix des 125 k. de toutes farines prix de moutures et sacs compris.
fr. c.	fr. c.	fr. c.	fr. c.	fr. c.	fr. c.	fr. c.	fr. c.	fr. c.	fr. c.	fr. c.
29 »	50 65	50 40	50 05	49 75	49 50	49 15	48 85	48 55	48 25	48 »
29 50	51 50	51 25	50 90	50 60	50 30	50 »	49 70	49 35	49 05	48 80
30 »	52 35	52 10	51 75	51 40	51 15	50 80	50 50	50 20	49 85	49 60
30 50	53 20	52 90	52 60	52 25	51 95	51 65	51 30	51 »	50 65	50 40
31 »	54 05	53 75	53 40	53 10	52 80	52 47	52 15	51 80	51 50	41 20
31 50	54 90	54 60	54 25	53 90	53 60	53 30	52 95	52 60	52 30	52 »
32 »	55 75	55 45	55 10	54 75	54 45	54 10	53 75	53 40	53 20	52 80
32 50	56 60	56 30	55 90	55 55	55 25	54 95	54 60	54 25	53 90	53 60
33 »	57 45	57 15	56 75	56 40	56 10	55 75	55 40	55 05	54 70	54 40
33 50	58 30	57 95	57 60	57 25	56 90	56 55	56 20	55 85	55 50	55 20
34 »	59 15	58 80	58 45	58 05	57 75	57 40	57 05	56 65	56 30	56 »
34 50	60 »	59 25	59 25	58 90	58 55	58 20	57 85	57 45	57 10	56 80
35 »	60 85	60 50	60 10	59 75	59 40	59 05	58 65	58 30	57 95	57 60
35 50	61 70	61 35	60 95	60 55	60 20	59 85	59 45	59 10	58 75	58 40
36 »	62 55	62 20	61 80	61 40	61 05	60 70	60 30	59 90	59 55	59 20
36 50	63 40	63 »	62 60	62 20	61 85	61 50	61 10	60 70	60 35	60 »
37 »	64 20	63 85	63 45	63 05	62 70	62 30	62 »	61 50	61 15	60 80
37 50	65 05	64 70	64 30	63 90	63 50	63 15	62 75	62 35	61 95	61 60
38 »	65 90	65 55	65 15	64 70	64 35	63 95	63 55	63 15	62 75	62 40
38 50	66 75	66 40	65 95	65 55	65 15	64 80	64 35	63 95	63 55	63 20
39 »	67 60	67 25	66 80	66 40	66 »	65 60	65 20	64 75	64 40	64 »
39 50	08 05	68 05	67 65	67 25	66 80	66 45	66 »	65 55	65 20	64 80
40 »	69 30	68 90	68 50	68 05	67 65	67 25	66 80	66 40	66 »	65 60
40 50	70 15	69 75	69 30	68 85	68 45	68 10	67 65	67 20	66 80	66 40
41 »	71 »	70 60	70 15	69 70	69 30	68 90	68 45	68 »	67 60	67 20
Différ.	0 85	0 85	0 85	0 85	0 85	0 80	0 80	0 80	0 80	0 80

PRIX PERPÉTUEL DES FARINES.

Prix de revient des 125 k. de toutes farines en laissant les sons au meunier pour moutures, et sacs compris pour 1 fr. 50 c.

PRIX perpétuel des BLÉS par 100 k. brut.	Poids naturel de l'hect. de blé 80 k. rendement par % k.		Poids naturel de l'hect. de blé 81 k. rendement par % k.		Poids naturel de l'hect. de blé 82 k. rendement par % k.		Poids naturel de l'hect. de blé 83 k. rendement par % k.		Poids naturel de l'hect. de blé 84 k. rendement par % k.	
	80 k. »»	80 k. 500	81 k. »»	81 k. 500	82 k. »»	82 k. 500	83 k. »»	83 k. 500	84 k. »»	84 k. 500
	Prix des 125 k. de toutes farines prix de moutures et sacs compris.	Prix des 125 k. de toutes farines prix de moutures et sacs compris.	Prix des 125 k. de toutes farines prix de moutures et sacs compris.	Prix des 125 k. de toutes farines prix de moutures et sacs compris.	Prix des 125 k. de toutes farines prix de moutures et sacs compris.	Prix des 125 k. de toutes farines prix de moutures et sacs compris.	Prix des 125 k. de toutes farines prix de moutures et sacs compris.	Prix des 125 k. de toutes farines prix de moutures et sacs compris.	Prix des 125 k. de toutes farines prix de moutures et sacs compris.	Prix des 125 k. de toutes farines prix de moutures et sacs compris.
fr. c.	fr. c.	fr. c.	fr. c.	fr. c.	fr. c.	fr. c.	fr. c.	fr. c.	fr. c.	fr. c.
16 5	27 »	26 80	26 65	26 50	26 30	26 15	26 »	25 80	25 60	25 40
16 50	27 80	27 60	27 45	27 30	27 05	26 90	26 75	26 55	26 35	26 15
17 »	28 60	28 40	28 20	28 05	27 85	27 70	27 55	27 30	27 10	26 90
17 50	29 40	29 15	29 »	28 85	28 60	28 45	28 30	28 05	27 85	27 65
18 »	30 20	29 95	29 80	29 60	29 40	29 25	29 05	28 85	28 60	28 40
18 50	30 95	30 75	30 55	30 40	30 15	30 »	29 80	29 60	29 35	29 15
19 »	31 75	31 55	31 35	31 20	30 95	30 75	30 60	30 35	30 15	29 90
19 50	32 55	32 35	32 15	31 95	31 70	31 55	31 35	31 10	30 90	30 65
20 »	33 35	33 10	32 95	32 75	32 50	32 30	32 10	31 85	31 65	31 40
20 50	34 15	33 90	33 70	33 50	33 25	33 05	32 90	32 60	32 40	32 15
21 »	34 95	34 70	34 50	34 30	34 05	33 85	33 65	33 40	33 15	32 90
21 50	35 75	35 50	35 30	35 10	34 80	34 60	34 40	34 15	33 90	33 65
22 »	36 55	36 30	36 05	35 85	35 60	35 40	35 15	34 90	34 65	34 40
22 50	37 35	37 05	36 85	36 65	36 35	36 15	35 95	35 65	35 40	35 20
23 »	38 15	37 85	37 95	37 40	37 15	36 90	36 70	36 40	36 15	35 95
23 50	38 90	38 65	38 40	38 20	37 90	37 70	37 45	37 15	36 90	36 70
24 »	39 70	39 45	39 20	39 »	38 70	38 45	38 20	38 »	37 70	37 45
24 50	40 50	40 25	40 »	39 75	39 45	39 20	39 »	38 70	38 45	38 20
25 »	41 30	41 »	40 80	40 55	40 25	40 »	39 75	39 45	39 20	38 95
25 50	42 10	41 80	41 55	41 30	41 »	40 75	40 50	40 20	39 95	39 70
26 »	42 90	42 60	42 35	42 10	41 80	41 55	41 30	40 95	40 70	40 45
26 50	43 70	43 40	43 15	42 90	42 55	42 30	42 05	41 70	41 45	41 20
27 »	44 50	44 20	43 90	43 65	43 35	43 05	42 80	42 50	42 20	41 95
27 50	45 30	44 95	44 70	44 45	44 10	43 85	43 55	43 25	42 95	42 70
28 »	46 10	45 75	45 50	45 20	44 90	44 60	44 35	44 »	43 70	43 45
28 50	46 85	46 55	46 25	46 »	45 65	45 35	45 10	44 75	44 45	44 20
Différ.	0 80	0 80	0 80	0 80	0 75	0 75	0 75	0 75	0 75	0 75

Prix de revient des 125 k. de toutes farines en laissant les sons au meunier pour moutures, et sacs compris pour 1 fr. 50 c.

PRIX perpétuel des BLÉS par 100 k. brut.	Poids naturel de l'hect. de blé 80 k. rendement par %k.		Poids naturel de l'hect. de blé 81 k. rendement par %k.		Poids naturel de l'hect. de blé 82 k. rendement par %k.		Poids naturel de l'hect. de blé 83 k. rendement par %k.		Poids naturel de l'hect. de blé 84 k. rendement par %k.	
	80 k.»»	80 k.500	81 k.»»	81 k.500	82 k.»»	82 k.500	83 k.»»	83 k.500	84 k.»»	84 k.500
	Prix des 125 k. de toutes farines prix de moutures et sacs compris.	Prix des 125 k. de toutes farines prix de moutures et sacs compris.	Prix des 125 k. de toutes farines prix de moutures et sacs compris.	Prix des 125 k. de toutes farines prix de moutures et sacs compris.	Prix des 125 k. de toutes farines prix de moutures et sacs compris.	Prix des 125 k. de toutes farines prix de moutures et sacs compris.	Prix des 125 k. de toutes farines prix de moutures et sacs compris.	Prix des 125 k. de toutes farines prix de moutures et sacs compris.	Prix des 125 k. de toutes farines prix de moutures et sacs compris.	Prix des 125 k. de toutes farines prix de moutures et sacs compris.
fr. c.	fr. c.	fr. c.	fr. c.	fr. c.	fr. c.	fr. c.	fr. c.	fr. c.	fr. c.	fr. c.
29 »	47 65	47 35	47 05	46 80	46 45	46 15	45 85	45 50	47 25	44 95
29 50	48 45	48 15	47 85	47 55	47 20	46 90	46 65	46 25	46 »	45 70
30 »	49 25	48 90	48 65	48 35	48 »	47 70	47 40	47 »	46 75	46 45
30 50	50 05	49 70	49 40	49 10	48 75	48 45	48 15	47 80	47 50	47 20
31 »	50 85	50 50	50 20	49 90	49 55	49 20	48 90	48 55	48 25	47 95
31 50	51 65	51 30	51 »	50 70	50 30	50 »	49 70	49 30	49 »	48 70
32 »	52 45	52 10	51 75	51 45	51 10	50 75	50 45	50 05	49 75	49 45
32 50	53 25	52 85	52 55	52 25	51 85	51 55	51 20	50 80	50 50	50 20
33 »	54 05	53 65	53 35	53 »	52 65	52 30	52 »	51 55	51 25	50 95
33 50	54 80	54 45	54 10	53 80	53 40	53 05	52 75	52 »		51 70
34 »	55 60	55 25	54 90	54 60	54 20	53 85	53 50	53 10	52 80	52 45
34 50	56 40	56 05	55 70	55 35	54 95	54 60	54 25	53 85	53 55	53 20
35 »	57 20	56 80	56 50	56 15	55 75	55 35	55 05	54 60	54 30	54 »
35 50	58 »	57 60	57 25	56 90	56 50	56 15	55 80	55 35	55 05	54 75
36 »	58 80	58 40	58 05	57 70	57 30	56 90	56 55	56 10	55 80	55 50
36 50	59 60	59 20	58 85	58 50	58 05	57 70	57 30	56 90	56 55	56 25
37 »	60 40	60 »	59 60	59 25	59 85	58 45	58 10	57 65	57 35	57 »
37 50	61 20	60 75	60 40	60 05	59 60	59 20	58 85	58 40	58 05	57 75
38 »	62 »	61 55	61 20	60 »	60 40	60 »	59 60	59 15	58 80	58 50
38 50	62 75	62 35	61 95	61 60	61 15	60 75	60 40	59 90	59 55	59 25
39 »	63 55	63 15	62 75	62 40	61 95	61 50	61 15	60 65	60 35	60 »
39 50	64 35	63 95	63 55	63 15	62 70	62 30	61 90	61 45	61 10	60 75
40 »	65 15	64 70	64 35	63 95	63 50	63 05	62 65	62 20	61 85	61 50
40 50	65 95	65 50	65 10	64 70	64 25	63 85	63 45	62 95	62 60	62 25
41 »	66 75	66 30	65 90	65 50	65 05	64 60	64 20	63 70	63 35	63 »
Différ.	0 80	0 80	0 80	0 80	0 75	0 75	0 75	0 75	0 75	0 75

PRIX PERPÉTUEL DES FARINES.

Prix de revient des 159 k. de toutes farines en laissant les sons au meunier pour moutures, et sacs compris pour 1 fr. 50 c.

Les en-têtes de chaque groupe de deux colonnes : **Poids naturel de l'hect. de blé** 70 k. / 71 k. / 72 k / 73 k. / 74 k., **rendement par % k.** — sous-colonnes : *Prix des 159 k. de toutes farines, prix de moutures et sacs compris.*

PRIX perpétuel des BLÉS par 100 k. brut.	70 k. »»	70 k. 500	71 k. »»	71 k. 500	72 k. »»	72 k. 500	73 k. »»	73 k. 500	74 k. »»	74 k. 500
16 »	39 40	39 20	39 »	38 75	38 55	38 30	38 10	37 90	37 70	37 50
16 50	40 55	40 35	40 10	39 85	39 65	39 40	39 20	39 »	38 80	38 60
17 »	41 65	41 45	41 25	41 »	40 75	40 50	40 30	40 10	39 85	39 65
17 50	42 80	42 60	42 35	42 10	41 90	41 60	41 40	41 20	40 95	40 75
18 »	43 95	43 70	43 50	43 20	43 »	42 70	42 50	42 25	42 05	41 80
18 50	45 10	44 85	44 60	44 35	44 10	43 80	43 60	43 35	43 15	42 90
19 »	46 20	46 »	45 75	45 45	45 20	44 90	44 70	44 45	44 20	43 95
19 50	47 35	47 10	46 85	46 55	46 35	46 05	45 80	45 55	45 30	45 05
20 »	48 50	48 25	48 »	47 70	47 45	47 15	46 90	46 65	46 40	46 10
20 50	49 60	49 35	49 10	48 80	48 55	48 25	48 »	47 75	47 45	47 20
21 »	50 75	50 50	50 25	49 90	49 65	49 35	49 10	48 85	48 55	48 30
21 50	51 90	51 65	51 35	51 05	50 75	50 45	50 20	49 90	49 65	49 35
22 »	53 05	52 75	52 50	52 15	51 90	51 55	51 30	50 95	50 75	50 45
22 50	54 15	53 90	53 60	53 25	53 »	52 65	52 35	52 10	51 80	51 50
23 »	55 30	55 »	54 70	54 40	54 10	53 75	53 45	53 20	52 90	52 60
23 50	56 45	56 15	55 85	55 50	55 20	54 85	54 55	54 30	54 »	53 65
24 »	57 60	57 30	56 95	56 60	56 35	55 95	55 65	55 35	55 10	54 75
24 50	58 70	58 40	58 10	57 75	57 45	57 05	56 75	56 45	56 15	55 85
25 »	59 85	59 55	59 20	58 85	58 55	58 15	57 85	57 55	57 25	56 90
25 50	61 »	60 65	60 35	59 95	59 65	59 30	58 95	58 65	58 35	58 »
26 »	62 10	61 80	61 45	61 10	60 75	60 40	60 05	59 75	59 40	59 05
26 50	63 25	62 95	62 60	62 20	61 90	61 50	61 15	60 85	60 50	60 15
27 »	64 40	64 »	63 70	63 30	63 »	62 60	62 25	61 90	61 60	61 20
27 50	65 55	65 20	64 85	64 45	64 10	63 70	63 35	63 »	62 70	62 30
28 »	66 65	66 30	65 95	65 55	65 20	64 80	64 45	64 10	63 75	63 35
28 50	67 80	67 45	67 05	66 65	66 30	65 90	65 55	65 20	64 85	64 45
Différ.	1 15	1 15	1 10	1 10	1 10	1 10	1 10	1 10	1 10	1 10

PRIX PERPÉTUEL DES FARINES.

Prix de revient des 159 k. de toutes farines en laissant les sons au meunier pour moutures, et sacs compris pour 1 fr. 50 c.

PRIX perpétuel des BLÉS par 100 k. brut.	Poids naturel de l'hect. de blé 70 k. rendement par °/o k.		Poids naturel de l'hect. de blé 71 k. rendement par °/o k.		Poids naturel de l'hect. de blé 72 k. rendement par °/o k.		Poids naturel de l'hect. de blé 73 k. rendement par °/o k.		Poids naturel de l'hect. de blé 74 k. rendement par °/o k.	
	70 k. »»	70 k. 500	71 k. »»	71 k. 500	72 k. »»	72 k. 500	73 k. »»	73 k. 500	74 k. »»	74 k. 500
	Prix des 159 k. de toutes farines prix de moutures et sacs compris.	Prix des 159 k. de toutes farines prix de moutures et sacs compris.	Prix des 159 k. de toutes farines prix de moutures et sacs compris.	Prix des 159 k. de toutes farines prix de moutures et sacs compris.	Prix des 159 k. de toutes farines prix de moutures et sacs compris.	Prix des 159 k. de toutes farines prix de moutures et sacs compris.	Prix des 159 k. de toutes farines prix de moutures et sacs compris.	Prix des 159 k. de toutes farines prix de moutures et sacs compris.	Prix des 159 k. de toutes farines prix de moutures et sacs compris.	Prix des 159 k. de toutes farines prix de moutures et sacs compris.
fr. c.	fr. c.	fr. c.	fr. c.	fr. c.	fr. c.	fr. c.	fr. c.	fr. c.	fr. c.	fr. c.
29 »	68 95	68 60	68 20	67 80	67 45	67 »	66 65	66 30	65 95	65 55
29 50	70 05	69 70	69 30	68 90	68 55	68 10	67 75	67 40	67 »	66 60
30 »	71 20	70 85	70 45	70 05	69 65	69 20	68 85	68 50	68 10	67 70
30 50	72 35	71 95	71 55	71 15	70 75	70 30	69 95	69 55	69 20	68 75
31 »	73 50	73 10	72 70	72 25	71 90	71 40	71 05	70 65	70 30	69 85
31 50	74 60	74 25	73 80	73 40	73 »	72 50	72 15	71 75	71 35	70 90
32 »	75 75	75 35	74 95	74 50	74 10	73 65	73 25	72 85	72 45	72 »
32 50	76 90	76 50	76 05	75 60	75 20	74 75	74 35	73 95	73 55	73 05
33 »	78 »	77 60	77 20	76 75	76 30	75 85	75 45	75 05	74 60	74 15
33 50	79 15	78 75	78 30	77 85	77 45	76 95	76 55	76 10	75 70	75 25
34 »	80 30	79 90	79 45	78 95	78 55	78 05	77 65	77 20	76 80	76 30
34 50	81 45	81 »	80 55	80 10	79 65	79 15	78 75	78 30	77 90	77 40
35 »	82 55	82 15	81 65	81 20	80 75	80 25	79 80	79 40	78 95	78 45
35 50	83 70	83 25	82 80	82 30	81 90	81 35	80 90	80 50	80 05	79 55
36 »	84 85	84 40	83 90	83 45	83 »	82 45	82 »	81 60	81 15	80 60
36 50	86 »	85 55	85 05	84 55	84 10	83 55	83 10	82 65	82 25	81 70
37 »	87 10	86 65	86 15	85 65	85 20	84 65	84 20	83 75	83 30	82 80
37 50	88 25	87 80	87 30	86 80	86 30	85 75	85 30	84 85	84 40	83 85
38 »	89 40	88 90	88 40	87 90	87 45	86 90	86 40	85 95	85 50	84 95
38 50	90 50	90 05	89 55	89 »	88 55	88 »	87 50	87 05	86 55	86 »
39 »	91 65	91 20	90 65	90 15	89 65	89 10	88 60	88 15	87 65	87 10
39 50	92 80	92 30	91 80	91 25	90 75	90 20	89 70	89 20	88 75	88 15
40 »	93 95	93 45	92 90	92 35	91 90	91 30	90 80	90 30	89 85	89 25
40 50	95 05	94 55	94 05	93 50	93 »	92 40	91 90	91 40	90 90	90 30
41 »	96 20	95 70	95 15	94 60	94 10	93 50	93 »	92 50	92 »	91 40
Différ.	1 15	1 15	1 10	1 10	1 10	1 10	1 10	1 10	1 10	1 10

PRIX PERPÉTUEL DES FARINES.

Prix de revient des 159 k. de toutes farines en laissant les sons au meunier pour moutures, et sacs compris pour 1 fr. 50 c.

PRIX perpétuel des BLÉS par 100 k. brut.	Poids naturel de l'hect. de blé 75 k. rendement par % k.		Poids naturel de l'hect. de blé 76 k. rendement par % k.		Poids naturel de l'hect. de blé 77 k. rendement par % k.		Poids naturel de l'hect. de blé 78 k. rendement par % k.		Poids naturel de l'hect. de blé 79 k. rendement par % k.	
	75 k. »»	75 k. 500	76 k. »»	76 k. 500	77 k. »»	77 k. 500	78 k. »»	78 k. 500	79 k. »»	79 k. 500
	Prix des 159 k. de toutes farines prix de moutures et sacs compris.	Prix des 159 k. de toutes farines prix de moutures et sacs compris.	Prix des 159 k. de toutes farines prix de moutures et sacs compris.	Prix des 159 k. de toutes farines prix de moutures et sacs compris.	Prix des 159 k. de toutes farines prix de moutures et sacs compris.	Prix des 159 k. de toutes farines prix de moutures et sacs compris.	Prix des 159 k. de toutes farines prix de moutures et sacs compris.	Prix des 159 k. de toutes farines prix de moutures et sacs compris.	Prix des 159 k. de toutes farines prix de moutures et sacs compris.	Prix des 159 k. de toutes farines prix de moutures et sacs compris.
fr. c.	fr. c.	fr. c.	fr. c.	fr. c.	fr. c.	fr. c.	fr. c.	fr. c.	fr. c.	fr. c.
16 »	37 30	37 10	36 85	36 70	36 45	36 20	36 »	35 80	35 60	35 40
16 50	38 35	38 15	37 90	37 75	37 50	37 25	37 05	36 85	36 60	36 40
17 »	39 45	39 25	38 95	38 80	38 55	38 30	38 05	37 65	37 65	37 45
17 50	40 50	40 30	40 05	39 85	39 60	39 30	39 10	38 90	38 65	38 45
18 »	41 60	41 35	41 10	40 90	40 65	40 35	40 15	39 90	39 70	39 25
18 50	42 85	42 40	42 15	41 95	41 70	41 40	41 15	40 95	40 70	40 45
19 »	43 75	43 50	43 20	43 »	42 75	42 45	42 20	41 95	41 70	41 50
19 50	44 80	44 55	44 25	44 05	43 75	43 50	43 25	43 »	42 75	42 50
20 »	45 90	45 60	45 30	45 10	44 80	44 50	44 25	44 »	43 75	43 50
20 50	46 95	46 70	46 40	46 15	45 85	45 55	45 30	45 05	44 80	44 55
21 »	48 »	47 75	47 45	47 20	46 90	46 60	46 35	46 05	45 80	45 55
21 50	49 90	48 80	48 50	48 25	47 95	47 65	47 35	47 10	46 80	46 55
22 »	50 15	49 85	49 55	49 30	49 »	48 70	48 40	48 10	47 85	47 55
22 50	51 25	50 95	50 60	50 40	50 05	49 70	49 45	49 15	48 85	48 60
23 »	52 30	52 »	51 70	51 45	51 10	50 75	50 50	50 20	49 90	49 60
23 50	53 40	53 05	52 75	52 50	52 15	51 80	51 50	51 20	50 90	50 60
24 »	54 45	54 10	53 80	53 55	53 20	52 85	52 55	52 25	51 90	51 60
24 50	55 55	55 20	54 85	54 60	54 25	53 90	53 60	53 25	52 95	52 65
25 »	56 60	56 25	55 90	55 65	55 30	54 90	54 60	54 30	53 95	53 65
25 50	57 65	57 30	56 95	56 70	56 30	55 95	55 65	55 30	55 »	54 65
26 »	58 75	58 40	58 05	57 75	57 35	57 »	56 70	56 35	56 »	55 70
26 50	59 80	59 45	59 10	58 80	58 40	58 05	57 70	57 35	57 »	56 70
27 »	60 90	60 50	60 15	59 85	59 45	59 10	58 75	58 40	58 05	57 70
27 50	61 95	61 55	61 20	60 90	60 50	60 10	59 80	59 40	59 05	58 70
28 »	63 05	62 65	62 25	61 95	61 55	61 15	60 80	60 45	60 10	59 75
28 50	64 10	63 70	63 30	63 »	62 60	62 20	61 85	61 45	61 10	60 75
Différ.	1 05	1 05	1 05	1 05	1 05	1 05	1 05	1 05	1 »	1 »

Prix de revient des 159 k. de toutes farines en laissant les sons au meunier pour moutures, et sacs compris pour 3 fr.

PRIX perpétuel des BLÉS par 100 k. brut.	Poids naturel de l'hect. de blé 75 k. rendement par °/₀ k.		Poids naturel de l'hect. de blé 76 k. rendement par °/₀ k.		Poids naturel de l'hect. de blé 77 k. rendement par °/₀ k.		Poids naturel de l'hect. de blé 78 k. rendement par °/₀ k.		Poids naturel de l'hect. de blé 79 k. rendement par °/₀ k.	
	75 k. »»	75 k. 500	76 k. »»	76 k. 500	77 k. »»	77 k. 500	78 k. »»	78 k. 500	79 k. »»	79 k. 500
	Prix des 159 k. de toutes farines prix de moutures et sacs compris.	Prix des 159 k. de toutes farines prix de moutures et sacs compris.	Prix des 159 k. de toutes farines prix de moutures et sacs compris.	Prix des 159 k. de toutes farines prix de moutures et sacs compris.	Prix des 159 k. de toutes farines prix de moutures et sacs compris.	Prix des 159 k. de toutes farines prix de moutures et sacs compris.	Prix des 159 k. de toutes farines prix de moutures et sacs compris.	Prix des 159 k. de toutes farines prix de moutures et sacs compris.	Prix des 159 k. de toutes farines prix de moutures et sacs compris.	Prix des 159 k. de toutes farines prix de moutures et sacs compris.
fr. c.	fr. c.	fr. c.	fr. c.	fr. c.	fr. c.	fr. c.	fr. c.	fr. c.	fr. c.	fr. c.
29 »	65 15	64 75	64 40	64 05	63 65	63 25	62 90	62 50	62 10	61 75
29 50	66 25	65 85	65 45	65 10	64 70	64 30	63 90	63 55	63 15	62 80
30 »	67 30	66 90	66 50	66 15	65 75	65 30	64 95	64 55	63 80	63 80
30 50	68 40	67 95	67 55	67 20	66 80	66 35	66 »	65 60	65 20	64 80
31 »	69 45	69 »	68 60	68 25	67 85	67 40	67 »	66 60	66 20	65 80
31 50	70 55	70 10	69 70	69 30	68 90	68 45	68 05	67 65	67 20	66 85
32 »	71 60	71 15	70 75	70 35	69 90	69 50	69 10	68 65	68 25	67 85
32 50	72 70	72 20	71 80	71 40	70 95	70 50	70 10	69 70	69 25	68 85
33 »	73 75	73 30	72 85	72 45	72 »	71 55	71 15	70 70	70 30	69 90
33 50	74 80	74 35	73 90	73 50	73 05	72 60	72 20	71 75	71 30	70 90
34 »	75 90	75 40	74 95	74 55	74 10	73 65	73 20	72 75	72 30	71 90
34 50	76 95	76 45	76 05	75 60	75 15	74 70	74 25	73 80	73 35	72 90
35 »	78 05	77 55	77 10	76 70	76 20	75 70	75 30	74 85	74 35	73 95
35 50	79 10	78 60	78 15	77 75	77 25	76 75	76 35	75 85	75 40	74 95
36 »	80 20	79 65	79 20	78 80	78 30	77 80	77 35	76 90	76 40	75 95
36 50	81 25	80 70	80 25	79 85	79 35	78 85	78 40	77 90	77 40	76 95
37 »	82 30	81 80	81 35	80 10	80 10	79 90	79 90	78 95	78 45	78 »
37 50	83 40	82 85	82 40	81 95	81 45	80 90	80 45	79 95	79 45	79 »
38 »	84 45	83 90	83 45	83 »	82 45	81 95	81 50	81 »	80 50	80 »
38 50	85 55	85 »	84 50	84 05	83 50	83 »	82 35	82 »	81 50	81 05
39 »	86 60	86 05	85 55	85 10	84 55	84 05	83 55	83 05	82 50	82 05
39 50	87 70	87 10	86 60	86 15	85 60	85 10	84 60	84 05	83 55	83 05
40 »	88 75	88 15	87 70	87 20	86 65	86 10	85 65	85 10	84 55	84 05
40 50	89 85	89 25	88 75	88 25	87 70	87 15	86 65	86 10	85 60	85 10
41 »	90 90	90 30	89 80	89 30	88 75	88 20	87 70	87 15	86 60	86 10
Différ.	1 05	1 05	1 05	1 05	1 05	1 05	1 05	1 05	1 »	1 »

PRIX PERPÉTUEL DES FARINES.

Prix de revient des 159 k. de toutes farines en laissant les sons au meunier pour moutures, et sacs compris pour 3 fr.

PRIX perpétuel des BLÉS par 100 k. brut.	Poids naturel de l'hect. de blé 80 k. rendement par %k.		Poids naturel de l'hect. de blé 81 k. rendement par %k.		Poids naturel de l'hect. de blé 82 k. rendement par %k.		Poids naturel de l'hect. de blé 83 k. rendement par %k.		Poids naturel de l'hect. de blé 84 k. rendement par %k.	
	80 k. »»	80 k. 500	81 k. »»	81 k. 500	82 k. »»	82 k. 500	83 k. »»	83 k. 500	84 k. »»	84 k. 500
	Prix des 159 k. de toutes farines prix de moutures et sacs compris.	Prix des 159 k. de toutes farines prix de moutures et sacs compris.	Prix des 159 k. de toutes farines prix de moutures et sacs compris.	Prix des 159 k. de toutes farines prix de moutures et sacs compris.	Prix des 159 k. de toutes farines prix de moutures et sacs compris.	Prix des 159 k. de toutes farines prix de moutures et sacs compris.	Prix des 159 k. de toutes farines prix de moutures et sacs compris.	Prix des 159 k. de toutes farines prix de moutures et sacs compris.	Prix des 159 k. de toutes farines prix de moutures et sacs compris.	Prix des 159 k. de toutes farines prix de moutures et sacs compris.
fr. c.	fr. c.	fr. c.	fr. c.	fr. c.	fr. c.	fr. c.	fr. c.	fr. c.	fr. c.	fr. c.
16 »	35 20	35 »	34 70	34 60	34 35	34 15	33 90	33 70	33 50	33 20
16 50	36 20	36 »	35 70	35 60	35 35	35 10	34 85	34 65	34 45	34 25
17 »	37 20	37 »	36 70	36 55	36 30	36 10	35 85	35 60	35 40	35 20
17 50	38 20	38 »	37 70	37 55	37 30	37 05	36 80	36 60	36 35	36 15
18 »	39 20	39 »	38 70	38 55	38 25	38 05	37 80	37 55	37 30	37 10
18 50	40 25	40 »	39 70	39 55	39 25	39 »	38 75	38 50	38 30	38 05
19 »	41 25	41 »	40 70	40 50	40 25	40 »	39 70	39 45	39 25	38 »
19 50	42 25	42 »	41 70	41 50	41 20	40 95	40 70	40 45	40 20	39 95
20 »	43 25	43 »	42 65	42 50	42 20	41 95	41 65	41 40	41 15	40 90
20 50	44 25	44 »	43 65	43 45	43 20	42 90	42 60	42 35	42 10	41 85
21 »	45 25	45 »	44 65	44 45	44 15	43 90	43 60	43 30	43 05	42 80
21 50	46 25	46 »	45 65	45 45	45 15	44 85	44 55	44 30	44 »	43 75
22 »	47 27	47 »	46 65	46 45	46 10	45 85	45 55	45 25	44 95	44 70
22 50	48 30	48 »	47 65	47 40	47 10	46 80	46 50	46 20	45 95	45 65
23 »	49 30	49 »	48 65	48 40	48 10	47 80	47 45	47 15	46 90	46 60
23 50	50 30	50 »	49 65	49 40	49 05	48 75	48 45	48 15	47 85	47 55
24 »	51 30	51 »	50 65	50 40	50 05	49 75	49 40	49 10	48 80	48 50
24 50	52 30	52 »	51 65	51 35	51 05	50 70	50 35	50 05	49 75	49 45
25 »	53 30	53 »	52 65	52 35	52 »	51 70	51 35	51 »	50 70	50 40
25 50	54 30	54 »	53 60	53 35	53 »	52 65	52 30	52 »	51 65	51 35
26 »	55 30	55 »	54 60	54 30	53 95	53 65	53 30	52 95	52 60	52 30
26 50	56 35	56 »	55 60	55 30	54 95	54 60	54 25	53 90	53 60	53 25
27 »	57 35	57 »	56 60	56 30	55 95	55 60	55 20	54 85	54 55	54 20
27 50	58 35	58 »	57 60	57 30	56 90	56 55	56 20	55 85	55 50	55 15
28 »	59 35	59 »	58 60	58 25	57 90	57 55	57 15	56 80	56 45	56 10
28 50	60 35	60 »	59 60	59 25	58 85	58 50	58 10	57 75	57 40	57 »
Differ.	1 »	1 »	1 »	1 »	1 »	0 95	0 95	0 95	0 95	0 95

PRIX PERPÉTUEL DES FARINES.

Prix de revient des 159 k. de toutes farines en laissant les sons au meunier pour moutures et sacs compris pour 3 fr.

PRIX perpétuel des BLÉS par 100 k. brut.	Poids naturel de l'hect. de blé 80 k. rendement par °/o k.		Poids naturel de l'hect. de blé 81 k. rendement par °/o k.		Poids naturel de l'hect. de blé 82 k. rendement par °/o k.		Poids naturel de l'hect. de blé 83 k. rendement par °/o k.		Poids naturel de l'hect. de blé 84 k. rendement par °/o k.	
	80 k. »»	80 k. 500	81 k. »»	81 k. 500	82 k. »»	82 k. 500	83 k. »»	83 k. 500	84 k. »»	84 k. 500
	Prix des 159 k. de toutes farines prix de moutures et sacs compris.	Prix des 159 k. de toutes farines prix de moutures et sacs compris.	Prix des 159 k. de toutes farines prix de moutures et sacs compris.	Prix des 159 k. de toutes farines prix de moutures et sacs compris.	Prix des 159 k. de toutes farines prix de moutures et sacs compris.	Prix des 159 k. de toutes farines prix de moutures et sacs compris.	Prix des 159 k. de toutes farines prix de moutures et sacs compris.	Prix des 159 k. de toutes farines prix de moutures et sacs compris.	Prix des 150 k. de toutes farines prix de moutures et sacs compris.	Prix des 159 k. de toutes farines prix de moutures et sacs compris.
fr. c.	fr. c.	fr. c.	fr. c.	fr. c.	fr. c.	fr. c.	fr. c.	fr. c.	fr. c.	fr. c.
29 »	61 35	61 »	60 60	60 25	59 85	59 50	59 10	58 70	58 35	57 95
29 50	62 35	62 »	61 60	61 20	60 85	60 45	60 05	59 65	59 30	58 90
30 »	63 35	63 »	62 60	62 20	61 80	61 45	61 05	60 65	60 25	59 85
30 50	64 35	64 »	63 60	63 20	62 80	62 40	62 »	61 50	61 20	60 80
31 »	65 40	65 »	64 60	64 20	63 80	63 40	62 95	62 55	62 20	61 75
31 50	66 40	66 »	65 60	65 15	64 75	64 35	63 95	63 50	63 15	62 70
32 »	67 40	67 »	66 55	66 15	65 75	65 35	64 90	64 50	64 10	63 65
32 50	68 40	68 »	67 55	67 15	66 70	66 30	65 90	65 45	65 05	64 60
33 »	69 40	69 »	68 55	68 10	67 70	67 30	66 85	66 40	66 »	65 65
33 50	70 40	70 »	69 55	69 10	68 70	68 25	67 80	67 35	66 95	66 50
34 »	71 40	71 »	70 55	70 10	69 65	69 25	68 80	68 35	67 90	67 45
34 50	72 40	72 »	71 55	71 10	70 65	70 20	69 75	69 30	68 85	68 40
35 »	73 45	73 »	72 55	72 05	71 65	71 20	70 70	70 25	69 85	69 35
35 50	74 45	74 »	73 55	73 05	72 60	72 15	71 70	71 20	70 80	70 30
36 »	75 45	75 »	74 55	74 05	73 60	73 15	72 65	72 20	71 75	71 25
36 50	76 45	76 »	75 55	75 05	74 55	74 10	73 65	73 15	72 70	72 20
37 »	77 45	77 »	76 55	76 »	75 55	75 10	74 60	74 10	73 65	73 15
37 50	78 45	78 »	77 55	77 »	76 55	76 05	75 55	75 05	74 60	74 10
38 »	79 45	79 »	78 50	78 »	77 50	77 05	76 55	76 05	75 55	75 05
38 50	80 45	80 »	79 50	78 95	78 50	78 »	77 50	77 »	76 50	76 »
39 »	81 50	81 »	80 50	79 95	79 50	79 »	78 45	77 95	77 50	76 95
39 50	82 50	82 »	81 50	80 95	80 45	79 95	79 45	78 90	78 45	77 90
40 »	83 50	83 »	82 50	81 95	81 45	80 95	80 40	79 90	79 40	78 85
40 50	84 50	84 »	83 50	82 90	82 40	81 90	81 40	80 85	80 35	79 80
41 »	85 50	85 »	84 50	83 90	83 40	82 90	82 35	81 80	81 30	80 75
Différ.	1 »	1 »	1 »	1 »	1 »	0 95	0 95	0 95	0 95	0 95